高校野球界の監督《スペシャリスト》がここまで明かす!

守備技術の極意

大利 実

KANZEN

はじめに

2024年春の公式戦から、「新基準バット」が本格的に導入された高校野球。「低反発バット」と表現されることが多いが、従来のバットからの大きな変更点は次の2点である。

①バットの最大直径をこれまでの67ミリ未満から64ミリ未満と変更する
②打球部の肉厚を従来の約3ミリから約4ミリとする

バットの芯がより細くなり、打球部の厚みが増したことで、打球の初速が約3・6パーセント減少し、反発性能も5パーセントから9パーセント落ちた（日本高野連ホームページより）。

新基準バット移行後、最初の甲子園大会となった2024年センバツでは、スタンドインの本塁打が前年の12本から2本に激減。同年夏の甲子園でも7本に終わったが、これは金属バットが導入された1974年以降、最少の本塁打数となる。

長打が出る確率が減れば、得点は入りづらくなる。それを象徴するかのように、昨夏の甲子園の準決勝は2対1と3対2のロースコア。さらに決勝は0対0のままタイブレークに入り、京都国際が2対1で関東一を下して初優勝を飾った。

「新基準バットになったことで、守りの重要性がこれまで以上に高くなっている」

多くの指導者が口にしている言葉だ。いずれは新基準バットに対応してくるだろうが、それはもう少し先の話であろう。ピッチャーのレベルが上がっていることを加味すると、従来のような打ち合いになることは考えにくい。

そこで、2018年から続く「技術の極意シリーズ」の第5弾として選んだテーマは、「守備技術」である。高校野球界の名将を中心に、守備指導に対する考えをたっぷりと聞いた。

投内連携やカットプレーの極意は山梨学院・吉田洸二監督と吉田健人部長の親子コンビ。キャッチャーの指導は、好捕手を育て上げる健大高崎・木村亨コーチ。内野守備は、毎年のようにNPBに教え子を送り出す花咲徳栄・岩井隆監督と京都国際・小牧憲継監督。今春21世紀枠で初のセンバツ出場を果たした横浜清陵・野原慎太郎監督には、内外野の練習ドリルの解説。

さらに、昨年初のゴールデングラブ賞を獲得した巨人・吉川尚輝と、中京大中京の臨時コーチを務める元中日・荒木雅博氏にはプロの眼から見た内野守備。2017年にNTT東日本の監督として都市対抗を制し、現在はNHKの高校野球解説で活躍する飯塚智広氏には外野守備の奥深さを語ってもらった。この一冊で全ポジションを網羅できる構成になっている。

守備を制するものが高校野球を制す——。守備技術の向上に少しでもつながる一冊となれば、著者としてこれ以上嬉しいことはない。ぜひ、最後までお付き合いください。

高校野球界の監督《スペシャリスト》がここまで明かす!
守備技術の極意　目次

写真：産経新聞社

読売ジャイアンツ　内野手

吉川尚輝

守備にも個性があっていい
捕り方のバリエーションを増やす

プロ8年目の昨季、初のゴールデングラブ賞を獲得した巨人・吉川尚輝。大学までショートで活躍するも、プロ入り後セカンドにコンバートされ、ゼロから技術を学んだ。どのような練習を積み重ねて、今のプレースタイルが生まれたのか。プロで最初に戸惑ったことから、高校生へのアドバイスまで、守備論を語ってもらった。

PROFILE　よしかわなおき　1995年2月8日生まれ、岐阜県出身。中京高～中京学院大。2016年ドラフト1位。もともとは遊撃手だったが、プロ入り後に二塁手へ転向し、2020年からレギュラーに定着した。守備範囲の広い三拍子揃った選手として2024年はキャリア初の143試合全出場を果たし、リーグ優勝に大きく貢献。ベストナイン・ゴールデングラブ賞を初受賞した。

持ち味は守備範囲の広さ
自分の得意・不得意を把握しておく

――まずは、ゴールデングラブ賞初受賞おめでとうございます。

吉川　ありがとうございます。

――受賞が決まったとき、どんなお気持ちでしたか。

吉川　プロに入ってから、一番獲りたかった賞です。ずっと目標として持ち続けていたので、とてもうれしかったですね。ひとつの目標を達成することができました。

――ご自身で語るのは難しいかもしれませんが、何が評価されたと思いますか。

吉川　うーん、それは難しいですね。ただやっぱり、シーズン通して試合に出続けないと獲れない賞だと思いました。これまでは、ケガで途中離脱することもあったので。あとは運ですね（笑）。セカンドは、カープの菊池（涼介）さんはじめ、うまい方がたくさんいらっしゃいます。

――その中で、吉川さん自身がほかの選手より優れていると感じるのはどんな点ですか。

吉川　何ですかね、菊池さんはもう忍者ですからね。どんな体勢でも捕球して、アウトにできる。ぼくはまだそこまで達していないので……。あえて挙げるなら守備範囲ぐらいでしょうか。

厳密に言うと、ほかの選手との差はほとんどないと思いますけど、試合の状況やバッターのスイングを見て、ある程度、ポジショニングを読めるようになってきました。「自分だったら、この場面でこっちに打つよな」といった考えも持つようにしています。こうした準備がうまくはまって、アウトを取れた打球はいくつかありました。

――ポジショニングの話が出ましたが、ピッチャー心理として、「打ち取ったボテボテのゴロは確実にアウトにしてほしい」という考えを聞きます。前後のポジショニングは、どのように考えていますか。

吉川　ぼくは、前にダッシュして突っ込むのはもともと得意なほうなので、ちょっと深めに守っています。もちろんバッターによりますけど、ある程度、ボテボテのゴロでもアウトにできるイメージは持っています。守備位置を変えるとしたら、2ストライクになったあとですね。やや前に守る意識があるかもしれません。

――なるほど、追い込まれたあとはバッターもそこまで強振してこないと。

吉川　そうですね。あと、ポジショニングで言えば、自分が左右どちらの打球に対して得意か不得意かを知っておくことが大事だと思います。ぼくの場合は、一、二塁間が得意で、二遊間があまり得意ではない。だから二遊間に少し寄って守ることが多く、それによって不安要素を減らしています。一、二塁間は自信があるので、よほどの俊足バッターでない限りは、打球に追いつけたらアウトは取れると思っています。

——一、二塁間の打球に対して、斜め後ろに走って追いつくプレーを何度も見ました。

吉川　あのあたりのプレーは自信を持っています。

セカンドの奥深さは「逆の動き」
若い頃は捕り方のバリエーションが少なかった

——大学時代はショートを守っていて、セカンドを本格的に始めたのはプロに入ってからです。セカンドでやれるという手応えは、いつ頃に掴みましたか。

吉川　最初の1～2年はがむしゃらにプレーしていました。セカンドに慣れてきたのは、本当にここ2～3年です。周りが見えるようになって、状況判断がしっかりとできるようになったのかなと思います。

——ショートにはないセカンドの面白さは、どこでしょうか。

吉川　逆の動きが多いことです。ショートは、進行方向に対してボールを投げるプレーがほとんどですが、セカンドが二遊間寄りの打球をファーストに投げるときは、進行方向とは逆の動きが求められます。一、二塁間をセカンドに投げるときも逆。あとは、緩いゴロを前にチャージしたときは、ファーストが斜め後ろの角度になることもあります。

――それが面白いと。

吉川 まだ、「面白い」まではいかないですけど、「深いな」と感じますね。最初は、この逆の動きに慣れるのが難しかったです。

――逆の動きに関して、高校生にアドバイスを送るとしたらどんなことがありますか。

吉川 正面で捕る基本動作はもちろん必要ですが、そのうえで、練習のときから「どの体勢で捕れば、もっとも早くアウトを取れるか」を考えてみてください。自分なりの捕り方があっていいと思います。ぼく自身、若い頃は捕り方のバリエーションが少なくて、アウトにできない場面が何度もありました。試合で経験を積む中で、「この捕り方ではアウトにできない。もっと早く投げるにはどうしたらいいか」を考えるようになって、今もそれを求めています。たとえば、正面に入るよりも、体を開いて捕ったほうが投げやすいときもあります。

――それは、どういう状況でしょうか？

吉川 ランナー一塁で、セカンドの左（一、二塁間）に打球が飛んだとします。正面に入るよりも、体を一塁側に開いて、半身の体勢からボールの勢いを使って、回転（反時計回り）して

写真：産経新聞社

二塁に投げる。いろんな動きを、練習から試してみてほしいですね。セカンドは逆の動きが多いので、ほかのポジションとはまた違った捕り方があっていいのかなと思います。それに、ファーストまでの距離が近いこともあって、捕ってしまえばアウトにできる可能性が上がります。

打球にグラブの面を早く向ける
右足で常にボールを探る

――じつは、吉川さんがプロ1年目のときにもインタビューをさせてもらっています。そのときに、井端弘和コーチ（当時）から『グラブを出すのが遅い』と指摘された」という話が非常に印象に残っているのですが、覚えていますか？

吉川　よく覚えています。グラブを出すタイミングが遅く、プロの強い打球がうまく捕れませんでした。グラブを早く出すことは、今でも練習から意識していることです。ぼくは、井端さんに守備のすべてを教えてもらって、そこからここ2～3年で、自分なりに「こっちのほうがいいのかな」と考えられるようになりました。

――時間的にも感覚的にも、グラブを早く出していますか？

吉川　そうですね。プロ入り当時のぼくは、ダーッと打球に詰めていって、ギリギリのところでグラブをパパッと出すタイプでした。それではバタバタしている。グラブを先に出すことで、足が動かせて、手も柔らかく使えて、バウンドを合わせやすくなると教わりました。セカンドの場合、ボテボテのゴロ以外は前にダッシュして捕る必要はないので、余裕をもってグラブを早く出して、右足で合わせることが大事ですね。

――「グラブを早く出す」という言葉だけ聞くと、動きが固まりそうな気もするのですが、実際はいかがでしょうか。

吉川　それはないですね。イメージとしては、「グラブを出す」というより「グラブを下ろして、面を向けておく」。ガチッと構えているわけではありません。打球を見ながら、先にグラブの面を合わせておく感じです。

――「左腕とボールを合わせる」と表現する選手もいますが、吉川さんはどうですか。

吉川　ぼくのイメージもそれに近いですね。そのほうが、グラブ側の力が自然に抜けると思います。

――「右足で合わせる」というキーワードもありましたが、どんな狙いがありますか。

吉川　常に右足でボールを探りながら、右、左のリズムで捕ることを心掛けています。股を割って捕るときは、右足をしっかり踏み込んでから、その横に左足を出す。左足が先に出てしまうと、どうしても頭が突っ込んで、スローイングに悪影響が出てしまいます。

送球はタテのラインをぶらさない
カットプレーは走者の位置を目で見る

――そのスローイングですが、昨年の吉川さんは「捕ったらアウト」と思えるぐらい、スローイングが安定していました。

吉川　いえ、そんなことはないですよ。

――気を付けているのは、どんなことですか。

吉川　ラインですね。表現が難しいんですけど、タテのラインをぶらさない（左右にぶらさない）。タテのラインを合わせておけば、ショートバウンドであっても、カバーしやすい球になると思います。セカンドは捕る位置によっては、ファーストへの角度が本当になくて、難しいところがあります。前にダッシュして捕ったあと、ランニングスローで投げるときは、ファーストを目標に投げるとホーム方向に逸れるので、ライト方向に投げるぐらいのイメージでちょうど合う。しかも、走りながら投げているので、どうしても横から投げることになり、シュート回転がかかりやすい。極力、シュートしないように気を付けています。

――ラインをぶらさないポイントはどこでしょうか。

吉川　体幹をぶらさないというか、頭が寝ないようにすることでしょうか。頭が倒れると、送球がシュート回転して、ファーストも捕りづらくなります。実際には傾いているでしょうけれど、頭は寝ないように意識しています。

――どんなファーストが投げやすいですか？

吉川　やっぱりでかい人ですね（笑）。

――岡本和真さんですね。

吉川　12球団で一番ハンドリングがうまいと思っています。あのハンドリングにだいぶ、助けられました。

――カットプレーについても教えてください。セカンドはカットプレーのキーマンになりますが、どんな点を注意していますか。

吉川　ランナーを見ることですね。真っすぐのラインに入ることももちろん大事ですけど、ランナーを見ておかないと、送球の準備ができなくなります。

――どのタイミングでランナーを見ていますか。

吉川 たとえば、ランナーなしの場面でバッターが右中間を抜くヒットを打った場合、ボールを追って、ラインに入りながらも、打者走者が一塁ベースを蹴ったあとの勢いを見ています。目安としては、一塁と二塁の中間ぐらいでどのぐらい加速しているか。その勢いを見れば、二塁で止まるのか、三塁を狙っているのか、だいたいわかります。外野からのボールをもらう前にも、またランナーを見て、どのあたりにいるのかを常に確認しています。

高校時代に戻れるのなら、ハンドリング練習をしたい 自分の取り柄を生かすことは大切

――プロのレベルを経験したからこそ、「高校時代に戻れたら、こういう練習をやっておきたい」と思うことはありますか。

吉川 何だろう……、いっぱいあると思うんですけどね(笑)。何だろうな、ひとつ挙げるのなら、ハンドリングですかね。逆シングルとか、手を柔らかく使う練習をしておけば、もっと楽にボールを捕れたのかなと思います。

――正面で股を割って捕る形も大事だけど……という意味ですか?

吉川 そうですね。正面で捕る基本は当然必要で、それが大前提ですけれど、プロのスカウト

が注目するとしたら、「この子、こういう捕り方もできるんだ。こんな引き出しもあるんだ」という点ではないかと。

――守備に関して、もっと自由な発想があってもいいということですね。

吉川　そう思います。バッティングと同じように、守備にも個性があっていい。たとえば、強肩が武器であるカープの矢野（雅哉）選手は、どんな体勢であっても捕ればアウトにできる自信があるはずです。「どんな捕り方でもいい」は言いすぎかもしれないですけど、自分の取り柄を生かすことは大切です。

――吉川さんも高い身体能力を生かしたアクロバティックなプレーがありますよね。その一方で、堅実さや安定感が増したように思うのですが、いかがでしょうか。

吉川　ぼくも結構めちゃくちゃなタイプでしたからね（笑）。落ち着いてきたのは、ここ数年です。やっぱり、試合で周りが見えるようになってから、さまざまな場面や状況に対して、落ち着いてプレーできるようになったのが大きいと思います。

小さい頃、「田んぼノック」で鍛えた反応
先輩・坂本勇人から学んだ一流の技術

――少し、子どもの頃のお話も聞かせてください。小さい頃、守備に関して、「これをやっておいて良かったな」と思い出すことはありますか。

吉川　何をやったかな……（しばし考え込む）。

――テレビのインタビューで、「田んぼノック」のことを語っていましたが。

吉川　たしかに、田んぼでノックを受けていました。でも、それが身になったかはわからないんですよね（笑）。遊びの中で、「変なバウンドの打球を捕りたい。反応したい」という気持ちがあって、父親にノックを打ってもらっていました。

――きっと、身になっているはずです！

吉川　そうなんですかね。ひとつ覚えているのは、大学時代、ショートを守っているときに、普通のショートゴロが頭の上にまで跳ねたときがあって、ジャンプしながら咄嗟にグラブをパンと出したら、うまく捕れていました。その瞬間、田んぼノックのことを思い出して、「いや、田んぼ……、親父ありがとう！」と思いましたね（笑）。プロのグラウンドは整備されているので、あそこまで跳ねることはさすがに一度もありません。

――お話を聞いていると、練習ではいろんな動きを身につけながら、試合では体が自然に反応するぐらい無意識で動けることが大事になってきますか。

吉川　それぐらいの自信をつけないと、試合ではうまくプレーはできないのかなと思います。
――試合で、右足・左足……と、細かい動きを考えている余裕はないですよね。
吉川　年間、いろんなゴロを捕っていますが、股を割って、基本通りの足さばきを意識しながら捕れる打球は1、2回です。めちゃくちゃ良い形で捕れたときは、「今の捕り方良かったなぁ」と自分でも思いますね。それ以外の打球は、ほとんど無意識です。
――バットとボールが当たるインパクトの瞬間、あるいは打球がワンバウンドしたときには、「こういう捕り方をする」というイメージは湧いているものですか。
吉川　それよりも前に、「このバッターでこの状況なら、こういう打球がくる可能性があるので、こうやって捕ろう」というイメージは常に持っています。だから、試合中に勝手に体が動いていることがあって、逆シングルで捕る格好をしていることがあると思います。自然に出てしまっていますね。
――理想の形で捕れるのは、年間に1~2回ということに驚きます。それ以外は応用というか、不規則というか。
吉川　試合になれば、本当にいろいろな打球がきます。たとえバウンドが合わなくても、何事もなかったかのようにアウトにできるかどうか。それをぼくは、坂本さんから学びました。セカンドから見ていると、ショートに飛んだバウンドがよく見えます。「うわ、今の全然バウンドが合っていなかったけど、ハンドリングでうまく合わせたなぁ。さすが、坂本さん！」と思うことが何度もありました。それを、とても簡単そうにやっている。坂本さんと比べると、まだまだぼくの足りないところです。

――とても勉強になるお話をありがとうございました。最後に今シーズンの守備に関する目標やテーマを聞かせてください。

吉川　もう一回、ゴールデングラブ賞を獲りたいですね。もっと周りを見られるようになって、年間通して、安定感のある守備をしたい。アウトにできる打球を、しっかりとアウトにする。そのなかで、ファインプレーがついてきたら良いかなと思っています。

京都国際　内野手

小牧憲継監督

「形マニア」になりすぎない アウトをとるための引き出しを増やす

2024年夏の甲子園で、堅守を武器に初の日本一を成し遂げた京都国際。決勝では関東一をタイブレークの熱戦の末、2対1で下した。NPBにも6年連続で卒業生を送り出しており、育成契約を含めると6年間で計9人。「チーム」と「個」の育成を高いレベルで実践している。2008年に就任した小牧憲継監督に個の育成、特に内野手の指導法に関して、存分に語ってもらった。

PROFILE　こまきのりつぐ　1983年7月17日生まれ、京都府出身。京都成章高～関西大。現役時代は内野手として活躍。大学卒業後1年間の銀行員を経て、2007年から京都国際高のコーチに就任。2008年から監督に就き、2021年センバツで甲子園初出場。同年夏には甲子園ベスト4進出。2024年も春夏連続で甲子園に出場し、夏は接戦を勝ち抜き、全国制覇を果たした。

小牧憲継の「守備メソッド」とは?

一

「内野手の動き」の根幹は壁当てで作り上げる

最初はグラウンドではなく、体育館内での「壁当て」で基本の動きを作り上げる。素手で捕球、スリッパで捕球、逆シングルで捕球、ジャンピングスローなど、あらゆる動きをイレギュラーのない室内での壁当てで身につける。グラウンドに出て練習するのは、基本を身につけてからでも遅くない。

二

「形」にこだわりすぎるのはNG 最大の目的は「アウトを取ること」

守備面で意外と陥りがちなのが「形」にこだわりすぎてしまうこと。これは、指導者にも選手にも言える。形にこだわりすぎることでボールに入っていけないようでは本末転倒。守備の上での最大にして唯一の目的は「アウトを取ること」。それを忘れてはいけない。

三

言葉より実際に課す「メニュー」で気付きを提供

小牧監督が監督に就任した当時は、韓国からの留学生もいたため「言葉」でのコミュニケーションだけでは限界があった。そこで、「言葉」だけでなく、メニューの中で監督からのメッセージやヒント、気付きを与えることで選手の成長を促した。この方針は現在も継続している。

四

ゴロアウトは、ファーストが捕ってベースを踏んで、初めて成立する

内野手の仕事は「捕って終わり」ではなく、アウトを取るためにはファーストが捕りやすい送球をする必要がある。いいスローイングのためには、いい捕球があり、いい捕球のためにはいいスタートがあり、いいスタートのためにはいい構えがある。アウトから逆算することで、内野手に必要なモノも見えてくる。

五

これから必要な指導法は「オーダーメイド」

選手の育ってきた環境などが目まぐるしく変化してきたことで、過去の指導法が当てはまらない選手も増えてきた。そういう選手に対しては、特徴に応じた「オーダーメイド」の指導法が必要になってくる。

二遊間の動きで負けるのは何より悔しい
「壁当て」で動ける体を作り上げる

――甲子園でも注目を集めた京都国際の「守備」が今回のテーマです。よろしくお願いします。早速ですが、小牧監督の守備指導の原点はどこにありますか。

小牧　学生時代に二遊間を守っていたこともあって、特にセカンドとショートの動きはほかの学校に負けたくないという気持ちがありました。監督になった当初（2008年就任）は、ちゃんと野球ができる子が数人しかいなくて、甲子園に出ることはまったく考えていませんでした。甲子園ではなく、プロの世界から欲しがってもらえるような選手をひとりでも多く育てていきたい。シートノックで相手よりも二遊間の動きが悪いと、試合で負けるよりも悔しくて（笑）。だから、「自己満足」からのスタートなんです。

――「内野手の育成」という点で、大事にしてきたのはどんなことですか。

小牧　基本的な形は、体育館内での「壁当て」で作ってきました。1年生のうちから、素手で捕ったり、スリッパで捕ったり、逆シングルで捕ったり、ジャンピングスローで投げたり、壁を使ってさまざまな動きを練習する。体育館の中なのでイレギュラーがない分、ある程度イメージ通りに動くことができます。ぼくの考えでは守備の上達には「段階」があって、基本的な動きができて、無意識に体が反応するようになってから、グラウンドで打球を受けたほうがうまくなる。まだ基本的なことが身についていないのに、ノックばかり受けても、打球への恐怖心や不安が先に出て、上体が上がったり、硬直したりしてしまう。これでは、なかなか上達していきません。

――キューバやドミニカでは、小さい頃から荒れた土の上で練習するので、「グラブさばきや身のこなしがうまくなる」という話を聞きますが、決してそうではないと。

小牧　彼らは小さいときから、それが当たり前の環境でやってきた積み重ねがあるので、多少ボールが跳ねたと思っても、イレギュラーだと思っていないんじゃないですか。日本に比べると、そこは当たり前となる考え方が違うと思います。

――おそらく、このグラウンドは過去の甲子園優勝校の中でもトップレベルに狭い（左翼75メートル、右翼65メートルほど）と思いますが、壁当てであれば、その狭さは関係なかったわけですね。

小牧　ただ……、じつは昨年、体育館を改修して新しくした関係で、壁当てができなくなってしまいました。これは、うちにとって大問題。壁当てをまったくやっていない今の1年生（新2年生）は、守備が思ったように伸びていなくて、改めて壁当ての大事さを実感しています。

――壁当てに代わるものは？

小牧　なかなかないんですよね。グラウンドに「壁を作ってほしい」とお願いもしたのですが、まだですね。ただ、同じ壁当てでも、やっぱりイレギュラーがないことが重要なので、難しいところです。

〝形マニア〟になると、打球にチャージできない 守備の最大の目的は「アウトを取ること」

――内野守備の指導を掘り下げていきたいのですが、「形」はどこまで教えていますか。

小牧　以前は1から10まで細かく教えて、全員に同じような捕り方を求めていました。わかりやすく言えば、「教え魔」。でも、ある時期に、「これでは〝形マニア〟になりすぎてしまう」と気付いて、今は教えすぎないようにしています。形にこだわりすぎると、どうしてもボールに入っていけない選手が出てくる。素晴らしくキレイな形で捕ったとしても、結果的にセーフであれば、いいプレーにはならないわけです。メジャーリーグの中継を当たり前に見られる環境になってから、考えが変わりました。日本と比べると、守備に対する根本的な考え方が違いますよね。

――形を意識しすぎると、前にチャージができないと。

小牧　そういうことです。結局、守備で一番大事なのは、「アウトを取ること」。最大の目的はそこです。当たり前のことですけど、それを忘れてはいけないのかなと思います。もしジャンピングスローであればアウトを取れたのに、正面に入って股を割ったことでセーフになるのであれば、それこそ「怠慢プレー」だと思っています。

――たとえば、三塁線の打球に対して、必ずしも体を入れる必要はないですか。

小牧　正面に入ることも、逆シングルで捕ることも、両方練習します。それこそ、後ろに逸らしたらサヨナラ負けの場面であれば、体を入れて前に落とすことも必要。だからこそ、練習でプレーの引き出しをいっぱい作っておかなければいけません。状況に応じて、どのプレーを選択するのか。「状況判断ができる選手がレギュラーとして試合に出ている。ノックでもボール回しでも、もっといい入り方はなかったか。もっといい捕球位置はなかったかと考えてほしい」という話をよくしています。最終的には、無責任な言い方かもしれませんが、自分に合った入り方や捕り方を見つけてほしい。

――昨夏のショート藤本陽毅選手（中央大）や、2020年に日本ハムに入団した上野響平選手（元オリックス）は、アクロバティックなプレーが目立っていました。

小牧　アウトを取るための最善のプレーは何か、ということです。でも、上野にはこんな話をしたことがあります。プロ志望だったこともあって、ジャンピングスローなどの派手なプレーをバンバンやって、守備でアピールしようとする意識を強く持っていました。その分、雑にプレーしてエラーをすることもあり、「そうやって逆シングルやランニングスローで勝負をかけるときほど、丁寧にプレーしないとピッチャーが納得せんよ」と。グラブの先の先まで意識を持って、丁寧に繊細にプレーする。それを理解できてから、しょうもないエラーは格段に減りました。

――「アウトを取るために、雑にプレーしてもいい」というわけではないと。

小牧　そういうことです。こういうプレーも、自分の中でイメージを描けていないとできないものです。以前は、夜の自主練習時に真っ暗の中で架空の打球をイメージして、難しい打球をジャンピングスローでアウトにする「守備シャドウ」を入れていました。自分がやりたいプレーに、イメージと動きをマッチさせていく。ボールがあると、それに合わせたり、恐怖心が生まれたりするので、「シャドウ」はいい練習だったと思います。壁当てができなくなったので、もう1回、それを入れてもいいかもしれません。

――ゴロ捕球に関して、花咲徳栄高の岩井隆監督が、「主体は自分ではなく、ボールなんだ」と言っていて（131ページ参照）、ものすごく腑に落ちました。

小牧　わかります。だからこそ、自分（守備者）に主導権がないと、打球に合わせてしまって、差し込まれてしまうと思います。

——主導権を持つためにはどうしたらいいですか。

小牧　自分からボールを捕まえにいく姿勢がないとダメですよね。「形マニア」になると、その姿勢が消えてしまうのかなと。決して、形を軽視しているわけではないんですけど。

——そうなると、1対1でのゴロ捕球などはあまりやらないですか。

小牧　ほとんどやらなくなりましたね。それはチームの事情もあります。少しずつ結果が出るようになってから、入学してくる選手の能力が上がり、甲子園を狙えるようになり、そうなると試合で勝つために実戦的な練習がどうしても増えていく。勝つことで、公式戦の期間も長くなります。

——それは、技術向上にとってプラスだと捉えていますか。

小牧　難しいところですね。数年先までは良くても、5年後、10年後にどうなっているかは何ともわかりません。

目指すのは「勝つ野球」より「負けづらい野球」
球際の打球に追いつけるのが新基準バットの守備

（取材日は2月初旬。最高気温が5度ほどで、練習中に小雪がちらつく）

――冬場でもボールを使った守備練習はやりますか。

小牧　よほど寒いとき以外は、キャッチボール、ボール回し、ノックまでは必ずやります。そこまでは全体練習で、そこからは個を伸ばすための練習に入るのがおおよその流れです。

――必ずやるんですね。

小牧　今の選手たちが求めていることが、「甲子園」であり、「日本一」です。勝つことを考えると、安定した守備力は絶対に必要なこと。最低限は守れないと勝負ができないので、「負けにくさ」をより追求するようになっています。ぼくとしては、守備の時間は何のストレスも感じずにボーッと見ておきたいんですよね（笑）。5月ぐらいまでにその守備力をつけて、あとは攻撃でいかに点数を取るかを考えたい。

――「最低限は守れないと勝負ができない」という、その求めるレベルが上がっていると思うのですが、いかがでしょうか。

小牧　そうですね。子どもたちによく言うのは、「日本一を本気で目指すんだったら、カットプレーであれば、カットマンの手（グラブ）が動かないところに投げる。ミリ単位で求めることが大事じゃないか」という話です。そこまで追求してほしいですね。

——新基準バットに変わったことで、何か感じることはありますか。

小牧　積極的に攻めたうえでのエラーやミスは、試合の勝敗にさほど響きません。でも、消極的なミスや打ち取った当たりをセーフにしてしまったときは、のちに取り返しのつかない失点につながると、強く感じています。今の高校野球で勝つには、「勝つ野球」よりも「負けづらい野球」なのかなと思います。

——そうなると、やはり守備。

小牧　以前のバットであれば、ゴロで内野を抜けていた当たりが抜けにくくなっています。一生懸命にあきらめずに追いかければ、球際で追いつくことができる。だからこそ、練習のときからあきらめないで打球を追う姿勢が大事になってきます。

——内野手のポジショニングに関してはいかがでしょうか。

小牧　プロ野球の影響なのかもしれませんが、「深く守るのがかっこいい」という考えを感じます。どれだけ深く守って捕ったとしても、アウトにできなければ意味がありません。当然、バッターに応じて変わるもので、肩が弱ければ、前に守ることが必要です。そのうえで、新基準バットは打球の勢いが弱まるので、「あまりに深く守りすぎるのはやめよう」と伝えています。

――日本一を果たした昨夏の甲子園で、「日頃の練習でやってきたことが出た」と感じたプレーはありますか。

小牧　智辯学園戦の初回ですかね。ショートの藤本が、突っ込んだらハーフバウンドになるような打球に対して、あえて後ろに下がって、そのままノーステップでファーストに放ったプレーがありました。初回なので甲子園球場の土が整えられたばかりで、その分、ボールも高く跳ねやすい。それをわかったうえでのプレーでした。

――そこまで考えてのプレー。選手たちにとって、甲子園球場は守りやすい場所だったのでしょうか。

小牧　めちゃくちゃ守りやすかったはずです。うちのグラウンドは、黒土を入れていますが、それでもかなりボールが跳ねます。それ以前は、砂利が混ざったような土で練習をしていた時代もあります。何より大きいのは、外野が狭いためにここでは練習試合ができず、いつも他校のグラウンドや球場で練習試合をさせてもらっていることです。試合前のシートノックで、グラウンド状況からゴロの跳ね方、打球の強さなどを確認する習慣がついています。

――対応力というか適応力が備わりますね。

小牧　本当にいろいろなグラウンドで試合をしてきたので、あれだけ整備されている甲子園はありがたかったです。あと、甲子園の守りで思い出すのは、青森山田戦の最終回です。1点差、無死一塁の場面でのショートゴロ。右打者が木製バットで打った打球が、先っぽに当たってスライス気味の不規則な回転がかかっていましたが、藤本がグラブを地面に垂らした状態で半身で待ち、うまくゲッツーを取ってくれました。

――「グラブを垂らす」という表現でいいですか？

小牧　よく使いますね。グラブの先を地面に垂らしておく。このときにいかに脱力できているか。ここで力が入ってしまう選手は、打球を怖がっていたり、正面に入れすぎたりしている傾向にあります。基本的には、「ボールの右側を見て、打球に入るように」という教え方をしています。それによって、無意識に体の真ん中で捕れるようになるのが理想だと思います。

――やや横から見たほうが、打球との距離感がわかりやすいですね。

小牧　「グラブを持った左手を打球のラインに合わせるように」という教え方をするときもあります。それがボールの右側を見ることにもつながり、右から左への体重移動でファーストにも投げやすくなってきます。結局、「ボールが怖い」と感じる選手に対して、別のところに意識を持っていくことで、無意識に怖さがなくなるようにしてあげたい。だから、いろんな教え方や声掛けをするようにしています。

言葉ではなく、メニューで気付きを提供する ワンバウンドを捕ることで適度な脱力を覚える

ここからは、取材当日に行われた守備練習について、小牧監督の解説を交えながら紹介していきたい。

各種メニュー（特にキャッチボール、ボール回し）の前提にあるのが、「言葉だけでは伝えきれない。メニューに取り組むことで、自然に動きの感覚が養われていくのが理想的」という考えだ。監督に就いた初期の頃は、韓国からの留学生もいて、日本語でコミュニケーションが取れないこともあった。言葉ではなく、メニューの中でヒントや気付きを与えることで潜在能力を引き出していた。今も、そのときの経験が指導のベースにある。

【キャッチボール】 ヒジから先を走らせる感覚を身につける

「遊び心を取り入れながら、いろいろな投げ方をやっています」という言葉の通り、さまざまなバリエーションがある（①から④はすべて5メートルほどの距離）。

①正対（写真P38上）　②股投げ（写真P38中央）

両足を開いた体勢から、互いに向き合って投げる（①）。スナップスローのイメージでヒジから先を走らせる狙いがある。股投げ（②）も、ヒジから先の使い方を覚えるもの。体に力が入りすぎていると、うまく投げることができない。

「今の子たちは強く思い切り投げることは得意でも、ショートスローが苦手な選手が多い。こういう練習が、6-4-3のゲッツーなどに生きてくると思っています」

③逆足（写真P38下）

右利きであれば、右足前、左足後ろの体勢からスロー。通常とは逆の足を前に出すことによって、体の捻りを引き出しやすくなる。体の回旋によって、腕が自然に振られる感覚を身につけていく。

正対

股投げ

逆足

180度ジャンプ

④180度ジャンプ（写真P39）

相手に対して背中を向けた状態から、反時計回り（右利き）にジャンプして、ボールを投げる。ジャンプすることで、上体の力が自然に抜け、程よい脱力を体感できる。

「ジャンプして振り向くときに、腰から上が勝手に回って、楽に腕が振れるようになるものです。そういう感覚を、自分自身で得てほしいと考えています」

そのほか、70メートルほどの遠投、握り替えやステップ&スローを意識したケンカボールなどを行い、次のボール回しに移る。

「投げ手は、いい回転のボールを投げることを追求してほしい。日本ハムに行った上野がすごかったのは、上からでも下からでも横からでも変わらずに、しっかりと回転をかけた送球ができたことです。溜め込んだ軸足の親指の力を、一瞬で指先に伝えるうまさを持っている。これは、プロに進んだ内野手に共通しているところかもしれません」

　では、捕り手にはどんなポイントがあるか。

「グラブのどこで捕れば、握り替えがスムーズにいくか。ゴロを捕るときは薬指側で捕ったほうが握り替えがしやすく、ライナーやタッチプレーのときはウェブに近い人差し指の付け根で捕ったほうが、しっかりと握ることができる。1球1球考えながらやってほしいですね。最近思うのは、時間を感じられない子どもが増えていること。ボールが自分の近くにきたところで、やっと動き出している。これでは、送球にも打球にも差し込まれた状態で、ミスが起きやすくなります」

　10メートルの距離でキャッチボールをするのであれば、その10メートルの距離と時間をフルに使う。それが、18・44メートルで行うバッティングにもつながっていく。

「以前は、バッテリー間を23メートルほどに広げて、そこにカーブマシンを置いて、緩い球を長く見て打ってみたり、あえて塁間の距離でトスバッティングをやってみたり、本当にいろいろやりました。どうにかして、時間を感じてほしくて」

　どの練習が、誰にどんな気付きをもたらすかはわからない。A選手に効果があったとしても、B選手にはさほどないかもしれない。だからこそ、いろいろ取り入れる。

ピッチング

【ボール回し】力を抜いて捕る感覚が重要

　ボール回しもバラエティーに富んでいる。さまざまな試行錯誤を経て、今のメニューに辿り着いたという。主なものを紹介したい（すべて、反時計回り・時計回りの両方を行う）。

①ピッチング（写真P41）

　ピッチャーのように前足を高く上げて、軸足に体重を乗せてから投げる。キャッチボールにも同様のメニューが入っていた。

「投げる動作の基本はピッチャーにあると思っています。ゆったりと足を上げて、投げたい場所をしっかりと狙って、体重移動を使って投げる。この動きをちょっとずつ省略していったのが、野手のスローイングだと考えています」

野手の送球ばかりを練習していると、体重移動が小さくなり、腕の振りが良くも悪くもコンパクトになりがちだ。体を大きく使う意識を持つために、ボール回しでもキャッチボールでも、ピッチャーの動作を取り入れる。

②サークル（写真P43上）

ベースを中心にして半径1メートルの円を描く。捕り手は、投げ手がボールを離したところから円の中に動き出し、足を使って正面で捕球し、次塁に送球する。投げ手は、捕り手が走り込むことを考え、ベース上に捕りやすい球を投げる。

「試合になれば、動きながら捕って、動いている相手に投げるような場面が多くなります。それも練習をしておかなければ、感覚が身についてきません」

③ワンバウンド（写真P43下）

塁間の半分の位置にラインを引き、投げ手はラインより手前側でバウンドをさせて、相手に送球する。捕り手は力を抜いてグラブを垂らして構え、ワンバウンドに対応する。小牧監督が

サークル

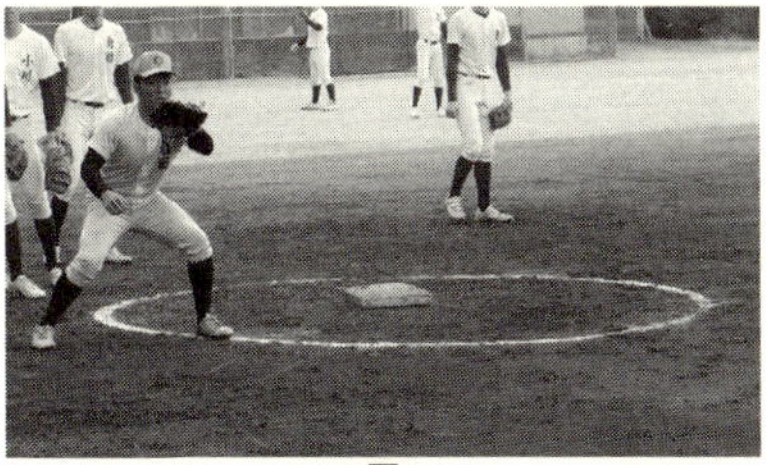

ワンバウンド

重視する「脱力」の感覚をここで養う。

④落球

あえて、一度グラブに当ててから落とし、素手で拾い上げて、次塁に送球する。「ボールを落とした瞬間に、プレーが止まってしまう選手が多かったので」という小牧監督の経験から生まれたメニューで、落としたときこそ、瞬時に次のプレーに頭を切り替える。このときも、上体に余計な力が入っている選手は、落としたあとの次の一歩が出づらい傾向にある。

⑤塁間約15メートル

塁間をあえて縮めて行うボール回し。必然的に速い動きが求められ、握り替えに意識を向けるとともに、ショートスローの腕の使い方を覚えていく。

挟殺

⑥挟殺（写真P44〜45）

挟殺プレーをイメージしたボール回し。ボールを保持したまま、塁間の真ん中付近まで架空のランナーを追いかけてタッチ。三塁から走り込み三本間でタッチした場合は、足を使って体勢を立て直し、ファーストに送球する。

右利きにとって難しいのが、この逆回りのバージョンで、本塁から三塁に走り込んでタッチしたあと、今度はジャンピングスローで二塁に放る。上の写真のように、走る方向とは逆に体を回転させなければいけないため、体をコントロールするのが難しい。

「ジャンプしたときに左肩を中に入れて投げようとするのではなく、腹筋を右側に捻ったら、ヘソが内側に入ります。あとは捻ったものを開放してあげれば、ボールは投げられる。力いっぱい腕を振らなくても投げられることを、この練習の中で身につけてほしいと思っています」

それぞれのメニューの意図については、1年生の入部時や新チーム開始時など、節目で解説するという。ただ、頭で理解できたとしても、体が動くようになるのはまた別問題である。

「結局のところ、どれだけ楽な力感でプレーできるかです。力いっぱいバットを振って打球を飛ばしたり、力いっぱい腕を振って速い球を投げたりしているうちは、まだまだ本物ではない。それは、選手にもよく伝えていることです」

キャッチボール、ボール回しに取り組み続ける中で、力の抜き方、力の入れ方が体で理解できるようになれば、もうひとつ上のステージが見えてくる。そこに気付くには、練習の質だけでなく量も大事。だからこそ、キャッチボールとボール回しは毎日行う。

【ノック】構え、スタートの先にある捕球

小牧監督には、1年生が入部したタイミングで必ず伝えることがあるという。

「内野ゴロでアウトを取るには、ファーストが捕って、ベースを踏んでくれないとプレーが成立しない。それを考えたら、内野手は捕って終わりではなく、ファーストが捕りやすい送球をしなければいけない。いいスローイングをするには、いい捕球があり、そのいい捕球につなが

るのが一歩目のスタート。さらに遡れば、いいスタートを切るためのいい構え方がある」

　守備はボールを捕ることに焦点が当たりやすいが、それはひとつの要素に過ぎず、構えとスタートの上に成り立つものである。

「前だけが強い、後ろだけが強いではなく、前にも後ろにも斜め後ろにもスタートを切りやすい構えは何か。毎日ノックを受けるのであれば、いろいろな構えを試してみてもいい。そういう細かな部分にこだわれるかどうか」

　では、どのように構えるか。小さくジャンプを入れたスプリットステップや、右足を前にしてファイティングポーズのように合わせる方法（小牧監督の現役時代がこの方法）など、いくつかのやり方を教えるという。その上で、「自分が一番しっくりくるものを見つけなさい」というスタンスを取っている。

「若い頃は、全員同じスタート方法を切らせていたんですけど、やっぱり合う、合わないがあるんですよね。今は『自分で見つけて』です。そのほうが、子どもたちも考えるようになりますね」

ボールは目と足で追いかける

「子どもたちに口癖のように言っていることですが」と、前置きしたうえで教えてくれたのがこの話だ。

「打球は目と足で追いかける！　頭と手で追いかけるやつはダメ！」

ここにうまい選手とそうではない選手の差があるという。

頭と手で追いかける選手は上体が突っ込み、上からボールに衝突するように打球をさばき、たとえ捕球したとしても送球につなげにくい。

一方で、目と足で追いかける選手は、下から低い位置でさばける。足が動いているため、次の送球にもスムーズに流れることができる。いわゆる「フットワークがいい」と評される動きだが、小牧監督の考えでは、捕るまでのフットワークもあれば、捕ったあとのフットワークもあるという。

フットワークは捕球だけでなく送球にもある

ノックを打っている最中、体勢が悪いままファーストに投げた選手に、「足を使って体勢を立て直してから投げるように」と助言を送った。この送球に対する小牧監督の考えがとても腑に落ちた。

「守備を語るときに『フットワークが大事』とよく言われますが、それはボールを捕るまでの動きに使われることが多い。捕ることだけでなく、捕ったあとに足を使って送球できる形に持っていくのもフットワーク。選手にもよく言っていることです」

送球に至るまでの足さばきは、さまざまな伝え方をしている。

「『捕ったグラブの位置にピッチャーのプレートがあると思って、右足（右利き）を直角に入れなさい』と言えば、送球が安定する子もいれば、『右足と左足のスパイクの金具をぶつけ合うようにステップしなさい』と言ったほうが良くなる子もいます」

一律に、同じ教え方をすることだけは避ける。若い頃に比べると、小牧監督も指導法をアップデートしている。

ノッカーは左打ちのほうがうまくなる？

小牧監督自身、ノックにどんなこだわりを持っているか。

「サードに4人いるとしたら、ひとり前の選手と同じ打球は絶対に打たないようにしています。それこそ、どの打球にも対応できるスタートを求めているので、ノッカーが同じコースに続けて打っていたら、何も考えずに動き出してしまいます」

興味深かったのは、バントのようなボテボテのゴロを適宜入れていたことだ。「強い打球がくるかな」と思っていそうなタイミングで、緩いゴロを入れる。必然的に、試合で必要な前へのダッシュ力が磨かれていく。

右投左打の小牧監督であるが、以前まではスタッフに右打ちのノッカーがいなかったそうで、「腰痛予防」も兼ねて右でも打つようになった。ただ、「内野守備のことを考えると、左打ちのノッカーのほうがうまくなるような気がします」と興味深い持論を教えてくれた。

「三遊間も二遊間も、左打ちのほうがスライスの打球が打ちやすい。スライスということは、打球を追うショートやセカンドから逃げていく回転です。捕る前に、体が左足側に流れてしまう選手はスライス回転が苦手。しっかりと打球に対して右足を踏み込んで、右足で待てるかどうか。左打ちのスライスがうまくさばけるようになれば、守備が上達していくと思います」

打球を捕る前に左足側に頭がずれる選手には、「グラブとボールが当たってから、動き出してみなさい」と助言を送ることがあるという。選手が思っているよりも、ワンテンポ遅く動くことで、上半身と下半身のタイミングが噛み合っていく。

なお、宮村貴大部長は左打ちで、八木宏司コーチは右打ち。右打者が三遊間側に強く引っ張るトップスピンの打球などは、八木コーチ任せているという。

「正確性」＋「スピード」

4－6－3のゲッツーを狙ったセカンドが、一、二塁間のオンラインよりも後ろで打球を捕ると、小牧監督から「甲子園で勝とうとするなら、今のはもう一歩前に攻めてこないと」とアドバイスが飛んだ。アウトを取るためのプレーを常に求めている。

一方で気になったのは、正確性とスピードのバランスだ。速さを求めるがゆえに、焦ってミスが出る場面もあった。

「基本的な考えは、まずは正確さです。『正確さの中にスピードをつけていきなさい』と教えています。正しい動きにスピードをつけていくのが練習。先にスピードだけを求めると、動きがぐちゃぐちゃになるので、そこは気を付けています」

正規の塁間よりも半分ほどに縮めて、ソフトボールを使ったノックを取り入れていた時期もあったそう。

「ソフトボールは弾まないので、重心を下げて、グラブを地面に垂らして捕る感覚を掴みやすい。それに捕ってからすぐに投げないといけないので、握り替えの練習にもなります」

ロングゴロティー

重たくて大きいボールを正確に投げようとすることで、リリースポイントを前に持っていく感覚を体得できる選手もいるという。

【ロングゴロティー】打球に対してグラブの面を早く出す（写真P52）

ティーバッティングと守備練習を組み合わせたメニュー。一塁ライン側（2組）からショートとサードへ、三塁ライン側（2組）からファーストとセカンドに向けて、強いゴロを打つ。内野手は実際の打球を想定しながら、守備技術を磨く。

「打つほうはボールの上を叩いて、強く速いゴロを打つ。守るほうは、どんな形でもいいので、グラブで捕る。〝形マニア〟の話ではないですが、YouTubeや本でたくさん学んでいる子ほど、頭でつかちというか、本能的な部分が

グラブを垂らす＆ハンドリング技術

磨かれていないように感じます。最終的には、どんな形でもいいので反応で捕れば、アウトにできる可能性が出る。そこの最後のハンドリングを磨いてほしいと思っています」
ここで役立つのが、力を抜いて、グラブを垂らす技術だ。低く強いゴロほど、グラブを垂らしておけば、そこに打球が入っていく。強い打球で差し込まれそうになったときは、半身の体勢であえて後ろに下がり、ハンドリングでカバーする。（写真P53）
「すべてにつながるのは、打球に対して早めにグラブの面を見せておくこと。高校生の多くが、面を見せるのが遅いと感じます。極端な話かもしれませんが、打球がバッターボックスと捕球地点を結んだ線の中間を過ぎたときには、もうグラブを垂らして、面を見せておく。面を見せるタイミングが遅い選手は、そのぐらい早く出す意識でちょうど良くなってきます」
このあたり、巻頭に掲載した吉川尚輝（巨人）の言葉にもつながるのではないか。グラブを出すのが遅いと、どうしても打球に差し込まれてしまう。

一歩目が遅い原因は偏平足にあり？ より求められるオーダーメイドの指導

――今日はたっぷりとお時間、ありがとうございました。

小牧　こんな話で良かったんですか？

――十分です！

小牧　最近は結構悩んでいることがあって……、壁当てができないだけでなく、年々オーダーメイドの指導が必要になってきているんです。今の1年生（新2年生）に能力は高いけど、守備の一歩目が遅い選手がいて、よくよく調べてみると偏平足でした。土踏まずがないせいか、どうしても滑りやすい。あるとき、普通に走っているのにスルッと滑っているのを見て、そこからわかったことです。守備練習だけではどうにもならないので、足の裏でボールを踏むなどして、刺激を入れるようにしています。

――足の裏まではさすがにチェックしないですよね。

小牧　育ってきた環境が目まぐるしく変わっているためか、過去にやってきた指導が当てはまらないことが増えていると感じます。今まではだいたい、「これとこれとこれ」とやり方を提示したら、何かひとつはうまく当てはまっていたんですが……。野球をする以前に、子どもの頃に遊んだ経験が少ないことが関係しているのでしょうか。体を自在に操れるようにならないと、野球も上達していかないですよね。

――マット運動とか器械体操のようなことをすることはありますか。

小牧　そこには踏み切れていないんですよね。それでも、数年前には身体を操る感覚を養うために、古武術の先生に教えを受けたこともありました。求めるゴールは一緒であったとしても、そこに至るまでのアプローチは無数にある。そのアプローチの仕方を、自分自身がもっと追求していかないといけないと思っています。「この練習が守備の上達に生きた」というのは、選手の特徴によっても変わるものなので、同じことをやったとしても次はどうなるかわからない。それでも、壁当てだけは絶対に必要な練習だったと思うんですけどね。壁当てができない分、何で補うか。また、考えていきたいと思います。

——ここからの守備のさらなる進化を楽しみにしています！

京都国際　小牧憲継 監督

山梨学院 一塁手・投内連携・カットプレー

吉田洸二 監督(左)
吉田健人 部長

ファーストの守備力が失点に関わる 好守備を生む連携プレーの極意

2023年春、悲願の日本一を果たした山梨学院。際立っていたのがファースト・高橋海翔(早稲田大)の守備力である。内野手のワンバウンドスローを巧みなグラブさばきで好捕し、ピンチを未然に防いでいた。吉田洸二監督、吉田健人部長はファーストの守備力を重視し、練習から徹底的に鍛えている。ファーストが絡む連携プレーを中心に、技術の極意を紹介したい。

PROFILE よしだこうじ　1969年5月6日生まれ、長崎県出身。佐世保商高〜山梨学院大。大学卒業後、高校の教員となり、佐世保商高、平戸高、北松南高(現・清峰高)の監督を務める。清峰高で5度の甲子園出場を果たし、2009年にはセンバツ初優勝。2013年より山梨学院の監督に就任し、2023年センバツでは自身2度目の優勝。今春含め春夏12度の甲子園出場。

よしだけんと　1996年10月10日生まれ、長崎県出身。当時、父・洸二氏が監督を務めていた清峰高に入学。早くから指導者を目指し、山梨学院大卒業後の2019年に山梨学院のコーチに就任。2020年からは部長を務める。2023年春には監督・部長の父子コンビで全国制覇。

山梨学院の「守備メソッド」とは？

一 ファーストの守備力が勝敗を大きく左右する

一般的には「守備力」の印象が薄いファーストだが、山梨学院では「ファーストの守備力」を重視。一概には言えないが一番うまい内野手がショート、その次に守れる選手をファーストに置く。内野手の送球が乱れたとき、しっかりと捕球できる守備力があればアウトにできる可能性が高まる。

二 ファーストの「捕球技術」を上げるためには地道な練習の積み重ねが必要

山梨学院ではファーストがフェイスガードを着けた状態でショートバウンド、ハーフバウンドの送球を受ける練習をほぼ毎日行う。2アウトから内野手の抵投をファーストが捕球できれば3アウトチェンジだが、後ろに逸らしてしまってピンチが広がり、失点が増えてしまうのが高校野球という競技。

三

ミットに当たる範囲の送球は、すべてファーストの責任

ショートバウンドでもハーフバウンドでも、捕れなければ投げ手ではなくファーストのミス。内野手の送球をフォローするのがファーストの仕事。捕球技術の高いファーストがいると、内野手も安心して送球できる。

四

ファーストは「ポジショニング」も重要

ファーストに求められるのは「捕球技術」だけではない。他の内野手と同様に、打者のタイプや試合状況に応じてポジショニングにもしっかりと気を配る。一塁に走者がいる場合、ベースに着いた状態からどの位置に向かって離れるか、終盤のポジショニングはどこが適切か、カットプレーの入り方など、すべてのプレーに理論理屈がある。

五

基礎作り→実戦を意識、練習の組み方にも工夫を

細かなプレーを体に覚えさせる「基礎作り」がたしかに重要だが、それだけでは試合でミスをする。週3～4回のフィールディング練習でも、火曜に「基礎の動き」をこなしたうえで木曜、金曜はバッターやランナーを入れてより実戦に近い形で身につけた動きを反復させる。

高校野球の背番号＝ボールに触れる回数の多さ ファーストのフォロー技術が勝敗を分ける

吉田洸二監督は2009年春に長崎県立清峰、そして2023年春には山梨学院を率いて、センバツを2度制覇。吉田健人部長は監督の長男にあたり、学生コーチを4年務めたあと、2020年からは監督・部長としてコンビを組む。全体的なマネジメントは監督が務め、技術的な指導は部長が受け持つのが山梨学院のスタイルで、親子ならではの信頼感でチームを作り上げている。

本章では、監督が求める「ファーストの守備力」を先に紹介したあと、部長による技術解説に入っていきたい。

――取材のテーマは「ファーストの守備力」です。山梨学院は代々、守備に優れた選手をファーストに起用している印象があります。

吉田　それはもう、これまでの経験で学んだことです。長崎で監督をしていたとき、幾度となく、ファーストの守備で負けた苦い思い出があります。ランナー一塁からのファーストゴロで、無理に二塁に投げて、一塁ランナーにぶつけてしまったり、内野手の低投をフォローできずにピンチを広げてしまったり……。そうした経験があったからこそ、今はファーストを大事にしていて、部長がよく鍛えてくれています。

――山梨学院のファーストは、センバツを制したときの高橋選手や、2019年世代の相澤利俊選手ら、グラブさばきがうまいですよね。

吉田　感覚としては、一番うまい内野手をショートに置いて、次に守れる選手をファーストに置く。それぐらい、重要なポジションであるのは間違いありません。持論ですが、背番号順にボールをたくさん触ると思っています。ピッチャーが1番で、キャッチャーが2番で、ファーストが3番。1試合通じて、ほかの内野手に打球が飛ばないことがあっても、ファーストが1回もボールに触れないことはないはずです。

――当たり前ですが、ファーストの捕球でアウトが成立する。

吉田　内野手の送球が乱れたとき、特に低いバウンドを投げたときに、ファーストがどれだけフォローできるか。この技術が勝敗を分ける、と言っても過言ではありません。プロ野球と違って、内野手の送球が安定しているわけではないですから。乱れたときに、ファーストがフォローできれば、ミスがミスではなくなるんです。2アウトから、内野手の低投をファーストが捕球できれば0点で終わるところを、後ろに逸らしてしまったためにピンチが広がり、そのあとにタイムリーを打たれて、2点、3点取られるのが高校野球です。

――山梨学院では、ファーストがフェイスガードを着けた状態で、ショートバウンドやハーフバウンドの送球を受ける練習をやっていますね（66〜68ページ参照）。

吉田 部長がほぼ毎日打っています。ああいう地道な練習の積み重ねが、大事なんです。

――あの練習を本当に大事だと思ってやっている高校は、意外に少ないですよね。

吉田 あれは、ノッカーの技術も問われますからね。

――なるほど。ほかに、ファーストの守備で気になるプレーはありますか。

吉田 3-6-3ですね。ファーストが投げたあとに、自らベースに戻って、ダブルプレーを取れるか。ここで、ピッチャーのベースカバーを待ってしまうと、だいたいセーフ。これもファーストの技術ですが、ダブルプレーを取れるかどうかはかなり大きなプレーになります。

――ポイントはどこにありますか？

吉田 ファーストの戻りの速さです。これも、部長が徹底的に鍛えています。あとは、タイブレークが採用されたことで、無死一、二塁からのファースト前のバント処理がこれまで以上に重要になりました。サードで刺せるファーストがいれば、かなりの武器になるのは間違いありません。

――個人的に気になるのは、一塁にランナーがいるときのファーストの守備位置です。片足を一塁ベースに着けずに、30センチほど離れたところで構えていますよね。

吉田　以前、外部コーチをお願いしていた小倉清一郎さん（元横浜部長）の教えです。少し離れているだけで、一、二塁間の打球に追いつけることもありますし、ファーストのゴー・バック（97ページ参照）もやりやすいですね。

――相手も、微妙に離れているのはイヤかもしれません。

吉田　イヤだと思いますよ。そういう守り方に慣れていないですから。ただ、ベースに着いていたほうが、一塁線の打球に対応できるかもしれませんし、一概にうちのやり方が絶対に良いとは言い切れないと思います。

――何を優先するかで変わってきそうですね。

吉田　そうだと思います。細かいところは、部長に聞いてみてください。私が知らないところで、かなりのこだわりを持っているはずです。

【送球のフォロー】
フェイスガードを着けたノックで鍛える

ここからは、吉田健人部長にバトンタッチ。グラウンドで練習を見ながら、さまざまな動きのポイントを解説してもらった。

「送球のフォローからいきましょうか。うちの決め事は、ファーストのミットに当たる範囲の送球は、すべてファーストの責任。ショートバウンドでもハーフバウンドでも、投げ手のミスではなく、捕れなければファーストのミス。基本的に、送球した選手を怒るようなことはありません」

なぜ、その考えに至ったのか。高校時代（清峰）、内野を守っていたときに、ひとつ上の先輩に送球のフォローが芸術的にうまいファーストがいたという。

「すべての送球を捕るので、あだ名が『ダイソン』でした」

思わず、笑ってしまった。掃除機なみのパワーですべてを吸い込む！

「ダイソン先輩が、自分の送球を全部捕ってくれるんですよ。でも、先輩が引退して、ほかの選手がファーストに入ってから、ショートバウンドを逸らすことが増えて、送球に不安を感じ

ファーストはフェイスガードを装着　動

るようになりました。『そこに投げなきゃいけない』と思えば思うほど、うまく投げられない。自分はたいした内野手じゃなかったですけど、下手なりにそういう経験を持っています。指導者になってから行き着いたのは、『ファーストのフォローをうまくしなければ、ほかの内野手のスローイングが悪くなる』ということです。試合で悪送球を放るときは、技術面だけでなく、精神面のほうが大きいと思います。特に高校生は精神面に左右されやすく、ひとつの悪送球がトラウマになり、うまく送球ができなくなる選手を見てきました」

ファーストの役割は、それだけ大きい。よく聞くのが、「ジャンプしても捕れない高い送球はダメだが、低い送球であれば何とかカバーできる。だから、低い送球をしなさい」という考えだが、そういう教えはするのだろうか。

「いいえ、それは言いません。投げ手に対しては、余計なことを言わないこと。『低く投げろ』と制限をかけることによって、メンタル的に負荷がかかる選手もいるので」

とにかく、カギはファースト。ファーストの捕球技術を上げれば、みんなが幸せになれる。監督の項でも記した通り、山梨学院ではファーストにフェイスガードを装着させた状態で、フォローの練習をしている（写真P67）。ノッカーは部長。セカンドの守備位置や、ショートの守備位置からノックを繰り返す。フェイスガードは、顔面のケガを防ぐとともに、ボールを最後まで見る狙いがある。「当たるのが怖い」と思った瞬間に、顔が逃げて、どうしても〝勘捕り〟になってしまう。

写真P69は、お手本を見せてくれたキャプテンの梅村団だ。ここにフォローの技術が詰まっているとのことで、吉田部長に上達のポイントを挙げてもらった。

①軸足の股関節に乗って待つ

「ひとつは、足を伸ばすタイミングです。ボールを見ないで、とりあえず伸びているファーストが結構います。実際、伸びずに捕れる場合もあれば、先に伸びたがために動きに制限かかることもあります。あとは、もうひと伸びすればノーバウンドで捕れるのに、わざわざショート

軸足の股関節に乗った状態からタイミングよく足を伸ばす

ファーストミットはタテに使う

バウンドで捕ろうとする選手も多い。自分でプレーを難しくしています。

タイミングよく伸びる選手は、軸足の股関節（右利きは右足）に乗った状態で送球を見極めていて、奥行きの幅を使えるので、さまざまなバウンドに対応しやすい。軸足に乗れない選手は、頭が左足側に早くずれて、距離感をうまく調節できないように感じます」

②左足とボールの距離感を詰める

「経験上ですが、フォローがうまい選手は左足（右利き）とボールとの距離感が近い。下手な選手は、左足とボールが遠いというか、逃げている。遠くに着くと、グラブの動きが大きくなって動かしやすい分、捕球ミスが起きやすい。足を近くに着いたほうが、腕の動きが制限されて、フォローがしやすいと感じます。このあたりは、ノックする側から見ると、わかりやすいポイントです」

③ミットはタテに使う

「ファーストミットはヨコではなくタテに使う。送球のラインに合わせて、タテに長く使って、ボールを後ろから捕るイメージを持ったほうが、ミットに収まりやすい（写真P70）。あとは、ミットの芯で捕ろうと思わずに、網（ウェブ）に引っかけて捕る感覚で構いません。突き詰めていくと、捕りやすいファーストミットを探すことも重要で、山梨学院ではグラブメーカーと相談しながら、選んでいます。そのため、ミットに関しては個人持ちではなく、チーム持ちです」

④チームメイトの球筋を知る

「苦しい体勢で捕ったときに、どっちの方向にどんな球筋で逸れていくかを頭に入れておくことです。いろいろな方向に逸れることはほぼないので、だいたいどちらかひとつ。シュート回転で逸れるのか、スライド回転で逸れるのか。その選手のクセが絶対にあります。それを知っ

ファーストの待ち方

体が捕手方向に出る

体が二塁方向に出る

ておくだけで、ファーストは事前の準備ができます」

⑤足を入れ替える

「自分の右側に送球が逸れた場合は、一塁ベースを踏む足を右足から左足に替えたほうが、カバーできる範囲が広がります。ノックの中で、あえてそういう打球を打って、足の入れ替えを身につけていく。フォローがうまいファーストは、このあたりの入れ替えが上手だと思います。そのためには、野手の手からボールが離れるまで、正対して構えておくこと。最初から半身になると、足の入れ替えがしにくくなります」

⑥ベース上の待ち方を変える

「これはチームの約束事ですが、ゴロを捕る位置によって、ファーストの待ち方を変えさせています。たとえば、三塁線のセーフティバントをピッチャーが捕る場合、右利きのピッチャーであれば、ファーストは左足をベースに着いて待つ（体が二塁方向に出る）。左利きのピッチャーであれば、右足を着いて待つ（体が捕手方向に出る）（写真P72）。なぜかというと、急いで送球した場合、前の肩が開いて、8割近くがシュート回転でボールが抜けていくからです。もちろん、野手も同様で、ショートが三遊間を捕球したときにはファーストは左足で構える。〝的〟をどこに作るかによって、送球も変わっていきます」

【ポジショニング】走者一塁、強打の場面ではオンラインより後ろ

ファーストの守備で「盲点」になりやすいのが、ポジショニングだ。特に走者一塁のときは、横に2～3歩出るだけのファーストが多いが、吉田部長は細かいこだわりを持っている。

山梨学院のファーストは前述した通り、一塁ベースに片足を着けずに、半歩ほど離れた状態で打球に備える。バントが考えられる場面と、ヒッティングが考えられる場面では、その構え

方を変えている。

「バントを想定したときは、左足（右利き）がホーム側に向くように構えて、ヒッティングのときは、左足がピッチャー側に向くように構えています。ヒッティングで抜かれたくないのは、一、二塁間。ベースから少しでも離れておくことで、球際のギリギリの打球に追いつける可能性があります」

一塁ベースからの離れ方が重要で、ヒッティング想定の場合、ファーストは斜め後ろに出る（写真P74〜75上）。つまり、一塁・二塁のオンライン上よりも後ろで、ランナーの後ろで守ることになる。

「ほとんどのファーストが、そのまま横に出るので、オンラインより前にいます（P

一塁ベースからの離れ方

一塁・二塁のオンライン上よりも後ろ

一塁・二塁のオンライン上よりも前

写真P74〜75下）。これでは、一、二塁間に対する守備範囲が狭くなるので抜かれるリスクが高い。できる限り後ろに下がりたい。このあたりは教えていかなければ、選手だけでは気付けないところです」

同じところからスタートしたとしても、横に出るか、斜め後ろに出るかによって、守る位置が明らかに変わってくる。ただし、1点勝負の終盤で一塁線を抜かれたくないときは、ベースから出る歩幅を減らして、一塁線をケアする場合もある。

ライン際は「締める」より「後ろ」に

接戦の終盤、走者無しで左のプルヒッターを迎えたときには、セオリー通り、一

接戦の終盤時のセオリー

後ろに下がる守り方

塁線をケアする。ただ、「一塁線を締めるのはあまり好きではない」と語る。

「一塁線を締める（写真P76上）のがセオリーですが、ライン際にそこまで寄らずに、後ろに守ることもあります。後ろに下がれば、追いつける範囲が広くなる（写真P76下）。ただし、左打者でドラッグバントがあるバッターに対しては、深めに守るのは難しいので、最終的にはバッターの特徴や試合展開を見ながら、考えています」

加えて、一塁線の強い打球を捕るときは真横に動くのではなく、斜め後ろに動けば、わずかではあるが守備範囲が広がる。たとえ内野安打になったとしても、長打を防ぐことができる。

【内野連携】3-6-3の併殺はファーストの戻りがカギ

ファーストが絡む連携プレーはいくつもある。その中で、特に重要となるのが3-6-3だ。走者一塁でファーストが打球を捕球したあと、二塁ベースカバーのショートに送球し、ショートからの送球を、ベースカバーに戻ったファーストが捕球する。3-6-1ではなく、3-6-3で完了させるところにポイントがある。

「選手に必ず言うのは、『あらゆるゲッツーの中で、3-6-3が一番難しい。裏を返せば、3-

6-3をしっかり取れるチームは強い』ということです。基本的な原則は、ピッチャーをベースカバーに入れないこと。できる限り、ファーストが戻って対応する。ピッチャーが入るとミスが起きやすいだけでなく、ベースを踏み外したり、打者走者と接触したりしてケガをする恐れがあります」

成功のカギはどこにあるのか。

「伝えているのは、『二塁でのアウトは絶対に取ること。オールセーフが一番ダメ』。一塁に戻ることばかり考えていると、中途半端な形で投げてしまい、悪送球につながることがあります。まずは、しっかりと二塁に投げることです」

ショートが待つ位置も重要となる。ファーストがオンラインよりも前で捕球したときは、左足を二塁ベースに着けて、内側に構える。オンラインよりも後ろで捕った場合は、ショートは右足を二塁ベースに着けて、外側で送球を待つ。ファーストの送球が、一塁走者に当たることを防がなければいけない。

難しいのが、ここからだ。二塁送球を終えたあとのファーストは、一塁ベース方向に全力ダッシュで戻り、ベースの位置を確認しながら、ショートからの送球に備える。

「ショートは、ファーストがベースに着くのを待ってから送球をしていては、3-6-3は取れ

ショートが投げるタイミング

ません。振り向くタイミングを見計らって、先にボールを離す（写真P79）。ここが重要なポイントです。そのタイミングは、数多くやって覚えていくしかありません」

山梨学院ではキャッチボールの中に、「送球→ダッシュで3〜4歩後ろに戻る→すぐに振り向いて捕る→送球」というメニューがある。日頃から、全力での戻りを習慣付けていることが、3-6-3につながる。なお、このときも、ファーストは軸足の股関節で送球を待つこと。前足に乗ってしまうと、フォローがしづらくなる。

4-3もファーストの戻りが重要

もうひとつ、「ファーストがベースに戻る動き」で重要になるのが、4-3のプレーだ。

一、二塁間の打球に対して、ファーストが2〜3歩反応するも、あらかじめ一、二塁間寄りに守っていたセカンドが回り込んで捕球。ファーストは自分が捕れないと思ったら、すぐに体を切り返して、一塁ベースカバーに戻るのが鉄則となる。

「ノックで多めに入れています。『捕れない場合はベースに戻る』というクセを付けておかなければいけません。意識しなければ、戻りが遅れてしまう。ただ、あまりに言いすぎると、ファーストが捕るべき打球も戻るクセが付いてしまうので、打球に必ず反応することが大事になりま

左足のつまさきを上げて捕る

す」

さきほどの3‐6‐3の話にもつながるが、ピッチャーを一塁ベースカバーに入れることは極力避けておきたい（とはいえ、ファーストが戻り切れず、4‐1になる場合もあるため、ノックの中に入れておく）。4‐3でプレーが完了する場合、ピッチャーは打者走者にぶつからないにように、送球のバックアップに入る。

ファーストからすると、事前にセカンドのポジショニングを確認しておくことも重要で、ランナー二塁の場合はセンターに抜かれないように、二塁ベース寄りに守るのがセオリー。この場合、ファーストは一、二塁間の打球を何としても捕りにいかないといけない。

【投内連携】
3-1はピッチャーが真っすぐベースに入る

「投内連携」の代表的なプレーが3-1だ。ファーストが打球を捕球して、一塁ベースカバーに走り込んでくるピッチャーにトスをする。ピッチャーからすると、ベースの踏み外しや打者走者との接触でケガのリスクもあるため、しっかりと練習しておきたいプレーである。

取材当日の練習を見ながら、「なるほど」と思ったのは、ファーストが打球を捕る際に、左足のつまさきを上げて捕っていたことだ。捕球後につまさきを下げることで、体重移動のきっかけが作られ、その流れをトスにつなげていく（写真P81）。手だけでトスをすると、どうしても浮き上がりやすい。

吉田部長曰く、3-1で重要なのはファーストのトス技術以上に、ピッチャーのベースカバーにあるという。「自分の左方向に飛んだ打球は、ベースカバーに走る」を大前提としたうえで、山梨学院では4パターン（85〜87ページ参照）を指導している。

入学直後の1年生が必ず行うのが、マウンド上でシャドウピッチングをしたあと（普段の投球フォームと同様に前足を踏み込む）、一塁ベースに向かって真っすぐ走ること（写真P83）。

シャドウピッチングから一塁へ真っすぐ走る　動

「捕る→走る→踏む」のタイミングを作る 動

ボールは入れずに、ただ真っすぐ走り、右足で一塁ベースの角を踏み（左足で踏むと、打者走者と接触する恐れあり）、打者走者に当たらないようにフェアゾーンに戻る。曲線を描くように教えるチームもあるが、俊足のランナーとの勝負になったとき、このやり方では間に合わない。もっとも速く、最短でベースに入れるタイミングを基本線とする

そのうえで、次にファースト役の人間を置き、タイミングを変えながら、トスを入れる。ここでは、シャドウピッチングだけでなく、8割ほどの力感でピッチングをしてから一塁に走る。こうしてベースカバーの動きを染み込ませたあと、ノックで実戦につながる動きを覚えていく。

①捕球後に走ってベースを踏む

マウンドから一塁ベースに真っすぐ走る。投げ手は、ベースの手前5メートルほどの地点でトスを入れて、「捕る→走る→踏む」のタイミングを作る（写真P84）。実戦でよほど余裕がある場合は、一塁ベースの手前で減速し、少し膨らみを持たせて、ベースに入りやすい角度を作って構わない。

ピッチャーが背中越しでトスを受ける

②捕球後すぐにベースを踏む

次は、①のタイミングよりももう少し一塁ベースに近いところ（約3メートル）でトスを入れて、「ポン（捕球）・ポン（ベースを踏む）」のリズムでアウトを取る。当然、全力ダッシュではベースを踏めないので、最後の数歩は小さいステップで足を合わせることになる。

③捕球と同時にベースを踏む

もっとも難しいのがこのタイミングで、捕球とほぼ同時にベースを踏む。ケガだけには細心の注意を払いながら、練習を重ねる。

なお、トスを受けるピッチャーはグラブを左手にはめている右投げのほうが、対応しやすい。進行方向側が捕りやすいのはもちろんだが、多少後ろにトスが流れても、左手にグラブがあればカバーができる。難しいのが、右手にグラブをはめている左投げで、後ろ側に投げられると対応ができない。ファーストとしては、進行方向側にトスをするのが鉄則となる。

④ベースに着いてから捕球

緩いゴロが一、二塁間寄りに飛んだ場合は、ピッチャーは先に一塁ベースに着いて、送球を待つ状態が生まれる。スピードに乗って走ったあと、一塁ベースで待つことは意外に難しい。体が外野寄りに流れやすいため、これも練習が必要になる。

4パターンをベースにしながら、実戦でさまざまな動きに対応できるように練習を重ねる。

「ファーストとの連携で一番難しいのが、マウンドと一塁の間に飛んだボテボテの打球です。ピッチャーが捕って、そのまま一塁ベースを踏めればいいですが、ピッチャーが抜かれた場合は、トスの角度が浅い3－1のプレーが生まれます。ピッチャーは背中越しでトスを受けることもあり、かなり難しい（写真P86）。ノックではこの連携を数多くやるようにしています」

どのパターンをどのぐらいの割合で練習するのか。このあたりが、指導者の腕の見せどころとなる。

1-6(4)-3でのピッチャーの足の合わせ方

カットラインの考え方

1-6(4)-3は足で合わせる

ファーストが直接絡むプレーではないが、「ゲッツーで一番起こりやすいミスが投手ゴロです」と吉田部長。イージーなピッチャーゴロで、「ダブルプレー！」と思った矢先、ピッチャーが二塁に悪送球を放り、一気にピンチが広がる……。高校野球でもプロ野球でも起こりうることだ。

そもそも、「投球」は得意だが、「送球」が苦手なピッチャーが多い。ピッチャーゴロを捕った場合、すぐに二塁を振り向いても、まだ二遊間が入っていないケースがある。それによって投げるタイミングが微妙にずれて、足が止まり、悪送球が生まれる。投球とは違って、相手（ショートorセカンド）に合わせて投げる技術が必要となる。

「ピッチャーは捕ったあとに、足を使って間合いを計って、タイミングを合わせること（写真P88上）。『ツーステップまでOK』としています。練習では、足で合わせることを覚えるために、二遊間のベースカバーをあえて遅らせます。一発で投げることしかできないと、二遊間とのタイミングが合わなくなります」

ノックではあえて緩いゴロも入れる。「緩い＝捕球までに時間がある」ということは、二遊間がベースに入る時間ができる。このときは、ステップを入れるとダブルプレーが取れなくなるため、一発で投げなければいけない。打球やランナーの足を考えながら、臨機応変にプレーを選択できるのがベストとなる。

【カットプレー】約束事を徹底する

続いては、ファーストが絡んだカットプレー。やみくもにカットラインに入ればいいのではなく、いくつかの約束事がある。

①人ではなく、ボールを真っすぐに

カットラインは「真っすぐ」が大原則だが、それは選手間をつなぐラインではなく、ボールをつなぐラインのこと。写真P88下のようにライト（右利き）、ファースト、キャッチャーでラインを作る場合は、ファーストはライトから見たときにやや左に構える。右利きの外野手は三塁側にシュート回転する傾向があるため、目標物を左に置いておくことで、ボールが真っすぐのラインを通りやすくなる。

②走者の動きを必ず見る

ラインに入るときには、走者の動きを必ず見ること。特に走者二塁時は、外野手が捕るときに三塁ベースのどのあたりまで進んでいるか、自分の目で確認する。これはファーストに限らず、すべての内野手に言えることだ。

「ひとつの基準として、センター前の場合は、センターの捕球と二塁ランナーの三塁到達が同時であれば、ホームは五分五分の勝負。まだ三塁を回っていなければ、センターからの送球が多少逸れたとしても、ファーストは絶対にホームで勝負です。ライト前の場合、ライトはセンターよりも本塁までの距離が短いので、三塁ベースを1～2メートル回っていたとしても、ホームでアウトを狙えます」

ファーストの視界を考えると、センター前のときはカットマンに入りながら、二塁走者の動きを目で捉えることができる。これがライト前になると、ライトとは逆側に二塁走者がいるため、首を振って見なければいけない。日頃のノックから、「自分の目で見る」を習慣付けておく。

③グラブの高さを通す

外野手は、カットマンの頭の上を目標に投げる。カットマンは送球をスルーするときであっても、グラブで捕る動作を必ず入れて、打者走者の二塁進塁を食い止める。この動作があるだけで、次塁を狙いにくくなる。なお、カットに入る位置は、「カットマンがスルーしたときに、ワンバウンドでキャッチャーが捕球できる場所」となる。

二遊間への打球は両睨みで準備する

ファーストが入るカットプレーで難しいのが、次のケースだ。

走者二塁から二遊間にゴロが飛び、ショートもセカンドも追ったが、センターに抜けるヒット。センターからのバックホームに対して、ファーストがカットマンに入り切れず、高投したがために打者走者の二塁進塁まで許してしまう。こうした送球間の進塁は「高校野球あるある」と言ってもいいだろう。

ファーストはどのように動けばいいのか。吉田部長のこだわりは深い。

「ファーストからすると、ショートやセカンドが捕れるかどうか微妙な当たりの判断が一番難しい。なぜなら、内野手が捕った場合はファーストに投げてくるため。『抜けてからカットに入る』では間に合いません。ファーストは、ゴロを捕ったときと捕れなかったときの両方に対応できる守り方をする必要があります」

山梨学院では二遊間にゴロが飛んだときには、一塁ベースからマウンドに向かって3メートル付近で待つことを徹底している。ここに走り込みながら打球を判断して、二遊間を抜けた場合のみマウンドに走り（写真P94〜95上）、二遊間が捕った場合は一塁ベースに入る（写真P94〜95下）。

カットマンに入る位置は、「マウンドの前（捕手側）」が鉄則。この位置であれば、センターからの送球をスルーしたときにワンバウンドでキャッチャーに届く。

走者二塁と走者一、二塁ではカットの動きが変わる

走者二塁で二遊間に打球が飛び、センターに抜けた場合、カットプレーの作り方は4通りあるという。

①セカンド、ショートが打球を追ったときはファーストが対応（前述したプレー）
②ショートの左横を抜ける打球はセカンドがカットマン
③セカンドの右横を抜ける打球はショートがカットマン

動

動

二遊間へのゴロが、センターに抜けたときのファーストの動き

二遊間が捕球した場合のファーストの動き

④ショートの後ろに落ちるセンター前はセカンドも追うため、ファーストがカットマン
「一塁ベースに誰もいなくなると、打者走者は大きくオーバーランを取れてしまいます。センター前ヒットであってもできる限り、二遊間でカットプレーを完了できるのが理想です」
セカンドもショートも打球を追った場合は、ファーストがカットに入らざるをえないため、一塁ベースから3メートル離れた場所で、両睨みしておく。
ただし、これが走者一、二塁の状況になると、また動きが変わる。セカンドの右を抜けるセンター前ヒットの場合、ショートは素早くバックサードのライン（8-6-5）を作り、ファーストはマウンド付近に走り、バックホームのライン（8-3-2）を敷く。
「一、二塁でセンターに抜けた場合は、『二段構え』のカットラインが必要になります。このときは、ショートはバックホームではなく、バックサードのラインを作るため、ファーストは必ずカッ

ライト前に抜けた打球のカットマンの位置

トプレーに入らなければいけません」

ライト前ヒットはカットマンの位置が重要

走者二塁からのライト前ヒット。前述した通り、外野手の捕球時に二塁走者が三塁ベースを1〜2メートル回ったところであれば、ホームで勝負となる（もちろん、二塁走者の脚力も考慮する）。ファーストは二塁走者の動きを見逃さないこと。

では、カットマンのファーストはどの位置に入ればいいのか。実際に動きを見せてもらうと、ほかのチームよりも本塁に近い位置に入っていた。

「目安としては、マウンドの後方から一塁線に垂直のラインを引いたところ（写真P96〜97）。たしかに、近いと思います。多くのチームが、もっと一塁ベース側で外野の送球を受けていますが、ここでは外野手との距離が近すぎる。ライトがワンバウンドでホームに投げようとした場合、ファーストのかなり高いところを通す

ゴー・バックけん制 動

ことになるので、打者走者に無条件で二塁を狙われてしまいます」

試合前のシートノックでは、ライトからのバックホームで対戦校のファーストがどこに入るかを必ず確認するという。一塁ベースに近い場合は、「送球間に二塁を狙える」とチーム全員で共有しておく。

【バント処理】
ゴー・バックはタイミングが重要

最後は、バントに関わる守備。新基準バットになったことで、今まで以上にバントの重要性が増すのは間違いなく、守備側にとって次塁でアウトを取れれば、試合の流れを変えるビッグプレーとなる。

無死走者一塁、バントが考えられる場面で、山梨学院が得意にしているのが「ゴー・バックけん制」である。けん制がうまい左投手限定で使うワザだ。

ファーストは、前にプレス（チャージ）する意識で「イチ・ニ・サン」のリズムで3歩ダッシュしてから、一塁ベースに全力で戻る（写真P98）。一塁走者の心理として、ファーストがプレスに出れば、少しでもリードを広げたいと思うもの。そこを狙って、ピッチャーはファーストが戻るタイミングに合わせて、けん制を入れる。

もうひとつのパターンは、ファーストが同じ動きをする中で、今度はホームに投球する。投げるタイミングは、ファーストがベースに戻る直前だ。ここがカギになる。けん制のときよりも、ワンテンポ遅らせて、足を上げる（クイックが望ましい）。

「先に、けん制を入れておくことで、一塁ランナーの重心を一塁側に戻すことができます。そこから送りバントをさせれば、いいバントだったとしても、一塁ランナーのスタートが遅れているため、二塁で刺せる可能性が広がる。注意点としては、一塁ベースに戻っているファーストのバント処理。どうしても一歩目が遅れるので、それを頭に入れたうえで守ることです」

山梨学院のことをよく知るチームは、「ゴー・バック」の動きは当然頭に入っている。それでも、「ファーストが、プレスから一塁に戻るかもしれない」と思わせておくだけで、スタートを遅らせる効果はある。警戒心が強まれば強まるほど、守備側が守りやすくなる。

ファーストのチャージは一塁線を空ける

ファーストがチャージをかけるバントシフトの際、気を付けておきたいのがチャージの方向になる。一塁線は空けて、斜め前に切り込んでいくことが鉄則だ。

「二塁に投げるにしても、三塁に投げるにしても、一塁線から投げるには距離が遠くなります。そのエリアはナイスバントなので、次塁でアウトにするのは難しい。ファーストがケアするのは、一塁線よりもマウンド側です。ここに転がってきたときは、次塁で刺すチャンスが生まれます」

一塁線に転がされた場合は、頭からのダイビングキャッチで止める練習をする。ファーストまでは距離が近いため、止めることさえできれば、打者走者のアウトは取れる。

ピッチャーのバックセカンドは3種類

ピッチャーのバントフィールディングについても、解説してもらった。

まずは、セカンドスロー。今は「ボールに正対して捕球」が主流だが、山梨学院では3つのやり方を練習している。

①正対（写真P102～103上）

もっともオーソドックスなやり方。ボールに正対して捕球したのち、右足（右投げ）を捕球点のやや前に踏み出し、内くるぶしを二塁方向に向ける。そこから左足を二塁ベース方向に踏

動

動

動

ピッチャーのバックセカンド（正対）

ピッチャーのバックセカンド（半身）

ピッチャーのバックセカンド（外野手捕り）

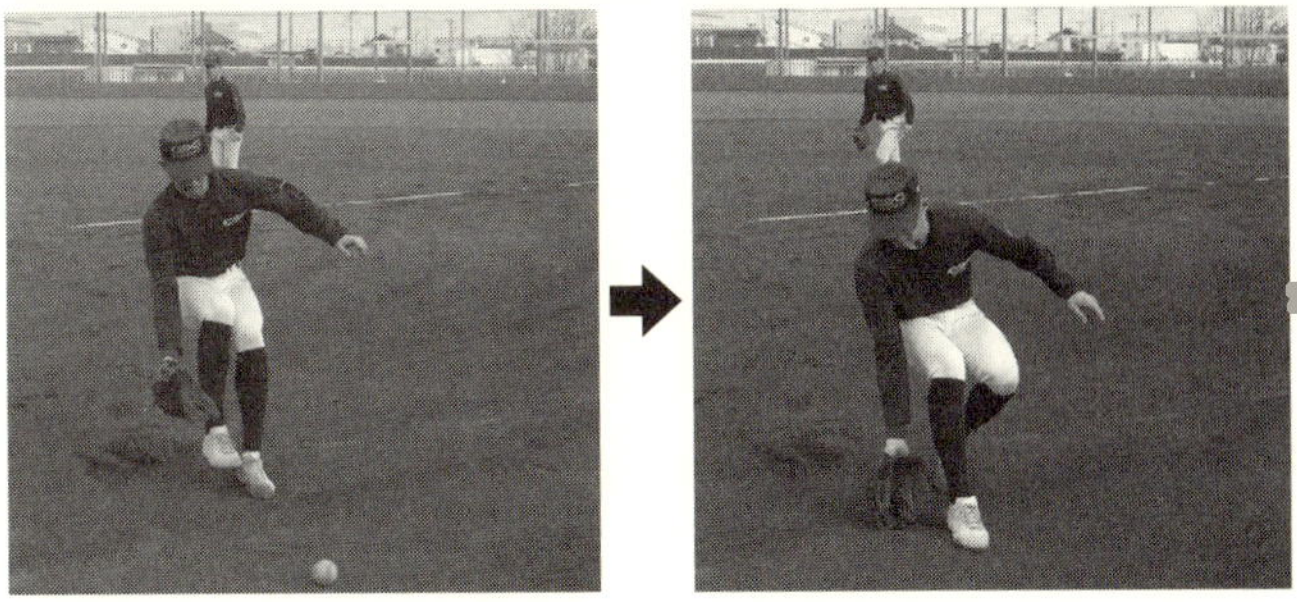

み出して投げる。二塁方向に振り向いたときに、頭が二塁方向に突っ込みすぎないように注意。このフットワークをいかに早くできるかがポイントで、「足さばきを高めるにはラダートレーニングが効果的」とのことだ。

②半身（写真P102〜103中央）

吉田部長が「練習を重ねていけば、こっちのほうが早い」と断言するのが半身での捕球だ。ボールに対して半身の体勢で捕球し、ノーステップで二塁に送球する。気を付けるべきは、チャージした勢いで軸足が捕手方向に流れて、体勢を立て直すまでに余計な時間を要してしまうこと。軸足のヒザが割れないように、内側に締める意識でボールに入り込む。

③外野手捕り（写真P102〜103下）

「この冬から練習に入れています」と語るのが外野手捕りだ。外野手のように高い上体のままチャージをはかる。写真Ｐ１０３下の左投手を例にすると、右足前で捕球し、次の左足で方向転換（内くるぶしを二塁方向へ）、右足の踏み込みで二塁に投げる。

「緩めのバントのときに効果的です。正対で捕ることに慣れてしまうと、チャージするスピードが遅くなるので、これはこれでアリだと思います」

　チャージの速さを考えれば、このやり方が一番優れているそうだ。

バックサードは右腕と左腕で違いあり

　続いては、バックサード。「タッチプレーかフォースプレーかは大きな違い。それを頭に入れて、体でタイミングを覚えておくこと」と吉田部長。フィルダースチョイスのオールセーフだけは、絶対に避けなければならない。

　左腕は右肩の方向に三塁ベースがあるため、捕球時の体の向きのまま送球ができる。もっとも基本的なのは、捕球後に左足のワンステップ（右足側にステップ）を入れてから投げる方法。さらに速さを求める場合は、ステップを入れずにノーステップで放る。上体の角度を考えると、サイドスローのほうがスムーズに投げやすい。

　右腕は背中側に三塁ベースがあるため、回転しなければ投げられない。捕球後、右足を軸にして体を回転させて、こちらもサイドスローで放る。素早い動きの中でも、右足に体重を乗せてから投げることが重要で、左足側に頭が流れてしまうピッチャーは、右足をマイナス方向（捕手側）にステップするのもひとつの技術となる。

サードを見ながら、ピッチャーはマウンドを降りる　動

ちなみに、無死一、二塁でピッチャーの正面に強いバントがきた場合は、1－6－3でセカンドゲッツーを狙うのが吉田部長の教え。試合の状況にもよるが、一気に2つのアウトを取りにいく。ピッチャーはバントの強さや方向性を見ながら、投げるベースを選択する。

三塁側のバントはピッチャー・サードの連携がカギ

三塁側のバント処理で難しいのが、ピッチャーとサードの連携である。お互いに打球を見合ってしまい、オールセーフになると一気にピンチが広がる。

ひとつの目安として、プレート（三塁側の端）から三塁線に垂直のラインを引いて、そのラインよりも捕手側はピッチャー、三塁側はサードが捕る。ただしあくまでも「目安」であり、すべてがこの通りではない。

「左ピッチャーの場合、一塁に投げるために回転の動作が入るため、0・5秒ほど右ピッチャーより遅くなる。その場合、サードの守備範囲を広げたほうがいいときもあります」

山梨学院では両者の譲り合いを防ぐために、重要な約束事を設けている。それは、ピッチャーが打球を追うときに、チラッとサードを見ることだ（写真P106）。

「必ずサードを見ながら、マウンドを降りること。サードのほうが捕りやすければ、ピッチャー自身が『サード！』と声を出す。主導権はピッチャーです。サードに主導権を与えると、ピッチャーがサードの動きを見なくなってしまいます」

重要なのは練習の組み方

山梨学院のフィールディング練習は、ホームベースの左右にノッカーが２人入り、マウンドの左右に投手陣が２グループ。ピッチャーはシャドウで腕を振り、一塁ベースカバー、バックセカンド、バックサード、バックホーム（グラブトスなど）をローテで回す。これによって、短い時間で数多くの練習を積むことができるが、これだけでは実戦につながる練習にはならないという。

「この練習は基礎中の基礎。このまま試合に入ると、必ずミスをします。最終的には、ランナーをつけて、実際にボールを投げて、バッターのヘッドの角度を見て、バントの方向を予測して……と複合的な練習が必要。試合で投げているときは、気持ちが入っているので、投げ終わりの一歩目が遅くなりがちです。そうなると、サードとの連携が崩れて、練習ではアウトにできていた三塁側のバントに対して、出足が遅れてセーフになる。指導者はそれを理解しておかなければいけません」

そこで重要になるのは、練習の組み立て方だ。

「シーズンに入ると、フィールディング練習を週3～4回はやります。火曜日はランナーをつけずに数を重視した練習で、木曜や金曜はバッターやランナーを入れて、実戦に近付けていくようにしています」

すべての守備練習は、公式戦でアウトを取るためにやっていること。基本的な形作りだけで終わることがないように、常に試合を意識する。ひとつひとつの意識の積み重ねが、勝利を呼び込む好守備につながっていく。

花咲徳栄 内野手

岩井隆監督

守備の主体はボールにあり 最後はハンドリング勝負

2024年のドラフトで、巨人と西武から1位指名を受けた石塚裕惺(巨人)。花咲徳栄から、直近10年で14人目(OB含め)のNPB入りとなった。高校時代のポジションで見ると、14人のうち5人が内野手で、石塚も「高校No.1ショート」と評価されていた。なぜ、花咲徳栄からはプロを狙える内野手が育つのか。学生時代、内野手で活躍した岩井隆監督の指導論に迫った。

PROFILE いわいたかし　1970年1月29日生まれ、埼玉県出身。桐光学園高〜東北福祉大。現役時代は内野手として活躍。大学卒業後、1992年から高校時代の恩師・稲垣人司氏が監督を務める花咲徳栄高のコーチに就任。2000年10月に稲垣氏が急逝、監督に昇格する。2017年に県勢初の夏の全国制覇を成し遂げるなど、春夏13回の甲子園出場を誇る。

岩井隆の「守備メソッド」とは？

一

景色を変えることで、選手の変化や成長を促す

ポジションを固定しないことが多い岩井監督。チーム事情もあるが、最大の狙いは「景色を変える」こと。複数のポジションを経験させることで、動きの質や量、選手たちが感じることも変わってくる。

二

足の指を鍛えて、瞬発力を養う

花咲徳栄では冬場、選手たちが足袋を履いてバッティング、守備を行う。足の指で地面を掴む感覚を養い、足の指を鍛えることで瞬発力や打球を追う際、送球時の足の踏ん張りもきくようになる。

三 〝派手さ〟よりも〝堅実さ〟

特に高校生のうちは「足を使って捕る」ことを重視する。ゴロ捕球もできるだけ体の真ん中で捕球するのがベスト。横へのゴロも可能な限り正面に入って捕球することを目指す。逆シングルは、それができないときに初めてチャレンジすればいい。

四 ボールは「利き手で捕る」意識を持つ

野球は利き手とは逆の手にグラブをしているので現実的には「利き手で捕る」のは不可能だが、その意識は絶対に必要。グラブには必ず投げるほうの手を添える。ただし、言いすぎると利き手の指を突いてしまう選手もいるので要注意。

五 投げ方は人それぞれ、投動作はフォロースルーを見る

捕球後のスローイングの形は「人それぞれ」合った形があるので正解を押し付けない。指導者も投げ方の選択肢は複数持っておくべき。改善したいときはむしろ、投げたあとのフォロースルーの動きを見て、その部分を指摘する。

運動量が少なかった中3時の石塚裕惺
サードで育成してからショートに回す

――「内野手の育成法」について、たっぷりとお話を聞けると嬉しいです。以前、石塚選手に関するエピソードを聞いたときに、「中学時代（佐倉シニア）のプレーを見ていると運動量が少ない。サードから育成しようと思った」と話していたことがとても印象に残っています。

岩井　石塚のプレーを初めて見たのが、中学3年生のときです。うちのコーチから、「いいショートがいる」と聞いていたんですが、第一印象は「ショートに慣れすぎている」。たしかに、うまいことはうまいんですよ。でも、キャッチャーからの返球に動いたり、外野へのフライを近くまで追ったり、二塁けん制にパッと入ったり、そういうことができていない。わかりやすく言えば、「運動量が少ない選手」でした。

――「運動量が少ない」という表現は、野球指導者の中で岩井監督から初めて聞きました。その視点でショートの動きを見ると、その言葉の意味がわかります。

岩井　のちに、石塚とはこんな話をしました。「まずはサードで鍛えていきたい。サードは前へのチャージもあれば、横への素早い動きが必要。1年の夏までサードをやって、新チームからはショートに戻す」。景色を変えることで、動きも変わると思いました。サードを守れば、運動量は自然に増えていくもの。あと、1年の春からショートに置くと、肩ヒジへの負担がどうしても強くなり、故障につながりやすいリスクがある。過去を見ても、岡崎（大輔／オリックススカウト）は1年秋までセカンドで、そこからショート。逆回りの動きを磨くことは、ショートになっても必ず生きてきます。

――最初からショートだったわけではないんですね。

岩井　最初からずっとショートだったのは、韮澤（雄也／広島）ぐらいです。韮澤のときは、ほかにショートを任せられる選手がいなくて、チーム事情もありました。自分の中では、「この時期にこれを鍛えて、この時期にはこれを……」というプランを作って、絵を描いています。たとえば、今年から阪神でプレーする楠本は、今は外野手ですが、高校時代は内野手でした。緑東シニアのときは身長が160センチちょっとで、まだまだ体が小さくて、二番セカンド。それが、中3夏が終わってから10センチぐらい身長が伸びて、高校入試のときに「こんなに大きくなったの？」と驚いたほど。楠本は入学してすぐ、サードにしました。それは、セカンドからファーストの距離に慣れてしまっていると感じたからで、しっかりとボールを投げる機会が減っていて、このままでは肩が強くなっていかない。サードからファースト、特に三塁線を捕ってファーストに投げることで、体を使って投げることを覚えさせる狙いがありました。そのあと、最終的に楠本はショートで活躍してくれました。

――岩井監督の指導法を見ていると、ポジションを固定しないですよね。2020年にソフトバンクから1位指名を受けた井上朋也選手は、ライト、ファースト、サードと守っていました。

岩井　井上は外野にいて、打つことばかり考えていたので、守備からバッティングに入っていくリズムを覚えてほしくて、内野にしました。内野を守ることで、常にピッチャーに声をかけたり、近くで相手のバッターを見たり、ゲームに関わることもできる。景色を変えることで、感じることが必ずあると思っています。

冬場の3カ月は地下足袋で足の指を鍛える　ダンプカーで砂を運び入れ、砂浜を作る

（取材日は1月下旬。選手たちは地下足袋を履いた状態で、バットを振り込み、ノックも当たり前のように受けていた）

――やっぱり、冬場は足袋ですか？

岩井　足袋ですね。バッティングも守備も、足袋を履いたままやります。

――高校野球界で一時期流行りましたが、ずっと続けている学校は少ないように感じます。

岩井　最初は、足の裏や脛が痛くなる選手がいますが、慣れてくれば問題ありません。うちは、12月から2月は必ず足袋。高野連が定めている「アウトオブシーズン」（対外試合ができない期間）があるわけですから、それをしっかりと利用させていただく。シーズン中にはできないことをやり、冬場は「個」を伸ばすことに重きを置いています。

――足袋を履く一番の狙いはどこですか。

岩井　足の指で地面を掴むこと。昔は、草履や下駄を履くのが日常的だったわけですよね。親指と人差し指を鼻緒に挟んで歩く。そうやって指を使っていたので、昔の人は瞬発力が強かったんだと思います。今の子たちは指が丸まっていて、指を開いて使うことができない。だから、地面を掴めずに瞬発力がないんじゃないかと。球際の打球に対して、グッと踏ん張る動きも、足の指が使えないとできません。石塚は中学時代に見たときに「足首が弱い」と感じましたが、足袋を履き続けたことで確実に強くなりました。

――夏の県大会で石塚選手が三遊間の深い打球に対して、足を運んで正面に入って、ノーステップ送球でアウトにしたプレーがありました。本人に聞くと、一番練習してきたプレーだと。

岩井　三遊間は、逆シングルで教えるチームもあると思いますが、うちは足を使って正面に入ることを重要視しています。なぜなら、高校生のうちに逆シングルで捕ることを覚えると、楽をしてしまうから。足を使って、打球に対して右足を外に入れる。そこからノーステップで送球する練習はかなりやります。足の指で踏ん張れないと投げられないプレーなので、足袋での練習がいろいろなところにつながっています。

――サードの三塁線、セカンドの二遊間の打球にも同じことが言えますか。

岩井　もちろん。三塁線の打球には、まず右足をボールの外に入れる。それができないときに、初めて逆シングルという選択が生まれます。人工芝のグラウンドだと、逆シングルのほうが簡単かもしれません。でも、それが土のグラウンドで通用するのかどうか。人工芝に慣れると、どうしても足が動かなくなりやすい。土のグラウンドで練習したほうが、内野手はうまくなるはずです。

――ちなみに、足袋は選手それぞれで購入しているのでしょうか。

岩井　いえ、うちのは特注です。ドラマの『陸王』でも話題になった行田市の足袋屋さんに、名前入りの足袋を作ってもらっています。

――それは驚きです。

岩井　足袋で硬い地面の上だけは走らせないようにして、冬場はグラウンドに砂を多めに、外野のフェンス沿いには特にたっぷり入れて、砂浜を作っています。毎年、ダンプで砂を運んでくるので、それを見た選手たちは「勘弁してよ……」という表情をしていますよ。砂がクッションの役割を果たしてくれるので、故障を予防できます。

――選手は、足袋で砂浜を走るので結構きついでしょうね。

岩井 その分、瞬発力も踏ん張る力もついてくる。うちは伝統的に、冬場で大きく成長する選手が多いですが、足袋の効果は間違いなくあると思います。

球際へのこだわりが生んだスーパープレー 手の動きを制限して、足さばきを覚える

――ここからは、技術的な指導について聞かせてください。花咲徳栄の守備を見ていると、派手なプレーよりも、堅実なプレーを重視しているように感じます。

岩井 高校野球は一発勝負のトーナメント。基本的なことを大事に指導しています。特に新基準バットになったことで、守備の重要性が今まで以上に増すのは間違いありません。木製バットを使うU-18で、馬淵（史郎／明徳義塾監督）さんのもとコーチとして関わらせてもらったことも、大きな勉強になりました。

――馬淵監督も「堅実さ」を好むイメージがあります。

岩井　印象に残っているのが、今は立教大でプレーする広陵高校の小林（隼翔）君のショートを高く評価していたことです。正直なところ、最初は「どこがうまいんだろう」と思っていたんですが、ノッカーとして小林君の動きを見ていて、馬淵さんの言っていることがわかってきました。派手さはまったくない代わりに、アウトを確実に取る。ひとつひとつの動きに無駄がない。そのプレーを見て、より堅実に守ることの重要性を感じました。バットが切り替わるときに、うちの選手たちには「これからはとにかく守備。そうは打てない。内野安打になりそうな打球や球際の打球をアウトにできるか。だから、トレーニングでは1秒のタイム、守備練習では1センチの球際にこだわるぞ」と言いました。

――昨夏の埼玉大会準々決勝（対西武台）では、同点で迎えた9回裏ツーアウト満塁、ファーストの横山翔也選手が一塁線の強い打球をダイビングで好捕する守備がありました。まさに、1センチの攻防。個人的には、埼玉の高校野球史に残るスーパープレーだと思います。

岩井　一塁線、三塁線のノックはかなりやりましたから。偶然ではなく、必然のプレー。打球に対して低く飛べたからこそ、捕ることができたはずです。

――ゴロ捕球の形はどこまで指導していますか。

岩井　構え、入り方、捕り方など、基本的なことは教えています。構えは、太ももが地面と平行になるまで、お尻を落とす。狙いとしては、ボールを下から見て、下からすくう意識を持つため。打球を見るときも、意識としてはボールの下を見ておく。上から捕りにいった時点で、低く速いゴロには対応できなくなる。足幅のバランスは個人差があるので、四股を踏むことで確認しています（写真P122）。

――ゴロはどこで捕るのがベストだと思いますか。

岩井　体の真ん中です。左足で捕ろうとすると、左足に体重がかかって、頭が流れて、少し跳ねた打球への対応がしづらい。真ん中で捕ろうとすることで、右足から左足へのヒザの送りを使いながら、捕球から送球まで持っていくことができる（写真P123）。「体の幅が使える」という感覚です。ただ、最近は「右足の前で捕る」という考えも聞くようになって、実際に選手に教えたこともあります。個人的には、ファーストに投げることを考えると、右で捕るときには目からボールが切れやすい。なので、どうなのかなと……。ある人に聞いたら、「右で捕る意識を持っておけば、結果的に真ん中で捕れる」と教わって、「なるほど、そういうことね」と理解しました。

――打球に入るまでの足の合わせで、大事にしていることはありますか。

四股から作る捕球の基本姿勢

体の真ん中で捕る

岩井　花咲のＯＢから、「ボールを捕るときに、手が邪魔していることもある」と聞いて、それは新しい気付きでした。教わったのが、腰の後ろで手を組んで、足だけでボールに合わせる練習です。サードベースの少し前に守って、ホームベースから転がされたボールを、股の間に通す（写真Ｐ125上）。これで、ボールとの距離が近い選手は、実際の打球を捕るときも近い傾向にあります。

――グラブをはめていると、最後はグラブでごまかすというか、調整できますよね。

岩井　手を使えない状態にすることで、足の使い方に意識を置くことができます。

――捕球に関しては、いかがでしょうか。

岩井　よく言うのは、「右手で捕れ」（右利き）ですね。

――グラブをはめていない手ですか？

岩井　野球をまったくやったことがない人（右利き）に、リンゴをポーンと投げたら、右手で捕ると思います。左手が出てくるのは、訓練された野球経験者ぐらいでしょう。利き手が出るのが人間の本能。そう考えたときに、打球も右手で捕るのが自然な動き。ただ、野球の場合は左手にグラブをはめて、右手には何もはめていないので、現実的には無理な話です。それでも、右手で捕る意識は絶対に必要で、グラブに添えるようにと指導しています（写真Ｐ125下）。

手の動きを制限した捕球練習 動

右手で捕る意識

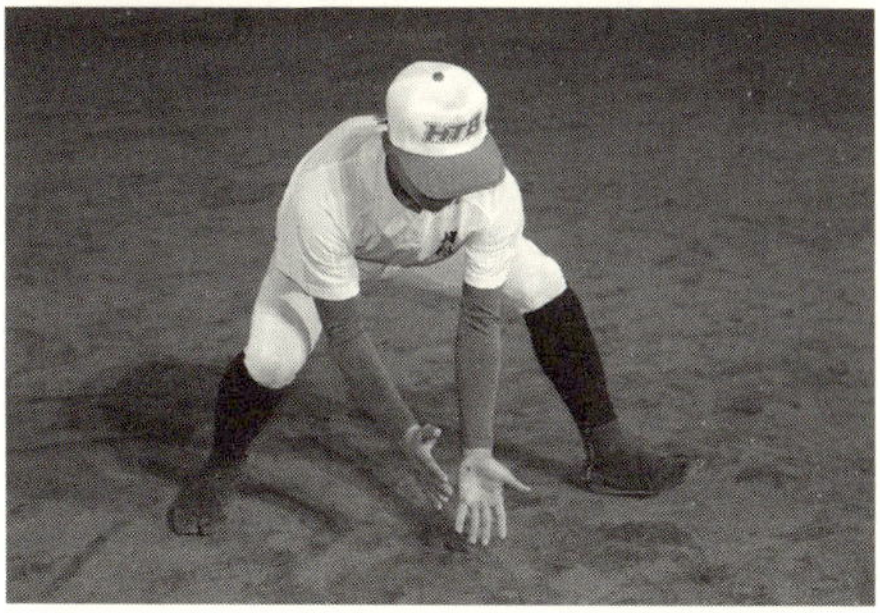

守備がうまい選手の映像を見ると、右手の小指・薬指がグラブに入りそうになっていることもある。ただ、あまり言いすぎると、右手を入れすぎてボールで指を突いてしまう選手もいるので、そこは気をつけて伝えるようにしています。

――なるほど、納得です。

岩井　あとは脇を締めて、向かってくる打球に対してラインを作るようにグラブを置く。外からすくうように教える指導もあるようですが、点で捕る動きになるので、確実性が減るように思います。

――左右の打球に対しては、どんな教えをしていますか。

岩井　正面の打球と同じで、どれだけ低い姿勢でボールを見られるか。自分の左側に飛んだ打球であれば、上体を打球方向に向けて、太ももが地面と平行になるまで下げて、ヘソの前で捕る（写真Ｐ１２７上）。ダイビングキャッチの場合も、低い姿勢のまま飛び込んでいく。西武台戦で、ファーストの横山が一塁線を好捕したのは、低く飛び込むことができたからです。逆シングルで捕る右側の打球も、基本的な考えは同じで、低く入れる体勢を作るようにしています（写真Ｐ１２７下）。

左側に飛んだ打球の捕り方

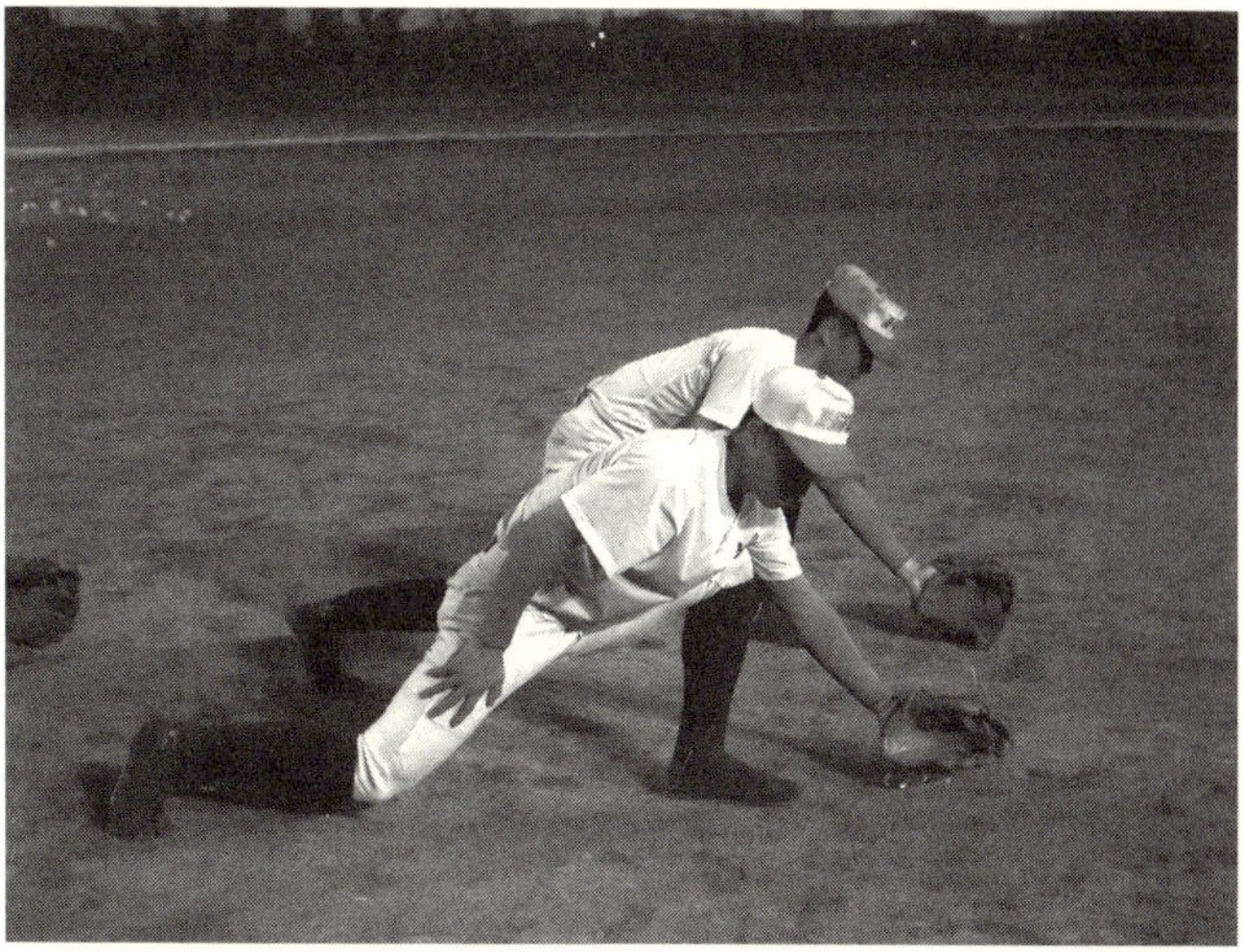

逆シングルでの捕り方

投げ方をひとつに限定しない
投動作はフォロースルーで改善する

――正面で捕った打球に関して、「捕ったあとに両手を胸に収めてから割る」という教えもありますが、どのように思いますか。

岩井　ヒジを下に回すようにしてからトップを作る選手であれば、合うと思います。でも、すぐに耳の横に持ってきたがる選手には合わない。耳の横に持ってくる動きが身についている選手に、胸で割ることを教えると、上と下の動きが合わずにうまく投げられなくリスクがあると思います。特に気を付けたいのはキャッチャーで、オリックスで活躍する若月（健矢）は耳の近くに持ってきて、胸を張って、肩の回旋で投げるタイプ。わかりやすく言えば、アーム投げです。それを、「ヒジを回して、小さく使って」と教えてしまったら、あれだけのスローイングはできないはずです。だから、選択肢はいくつかあっていい。キャッチボールのときから、「この選手はこういうタイプ」とよく見るようにしています。

――ガチッとひとつの方法に固めるのは危険と。

岩井　いろんなタイプがいるので。特に、投げる動作は繊細なものです。

投げ終わりの形が重要

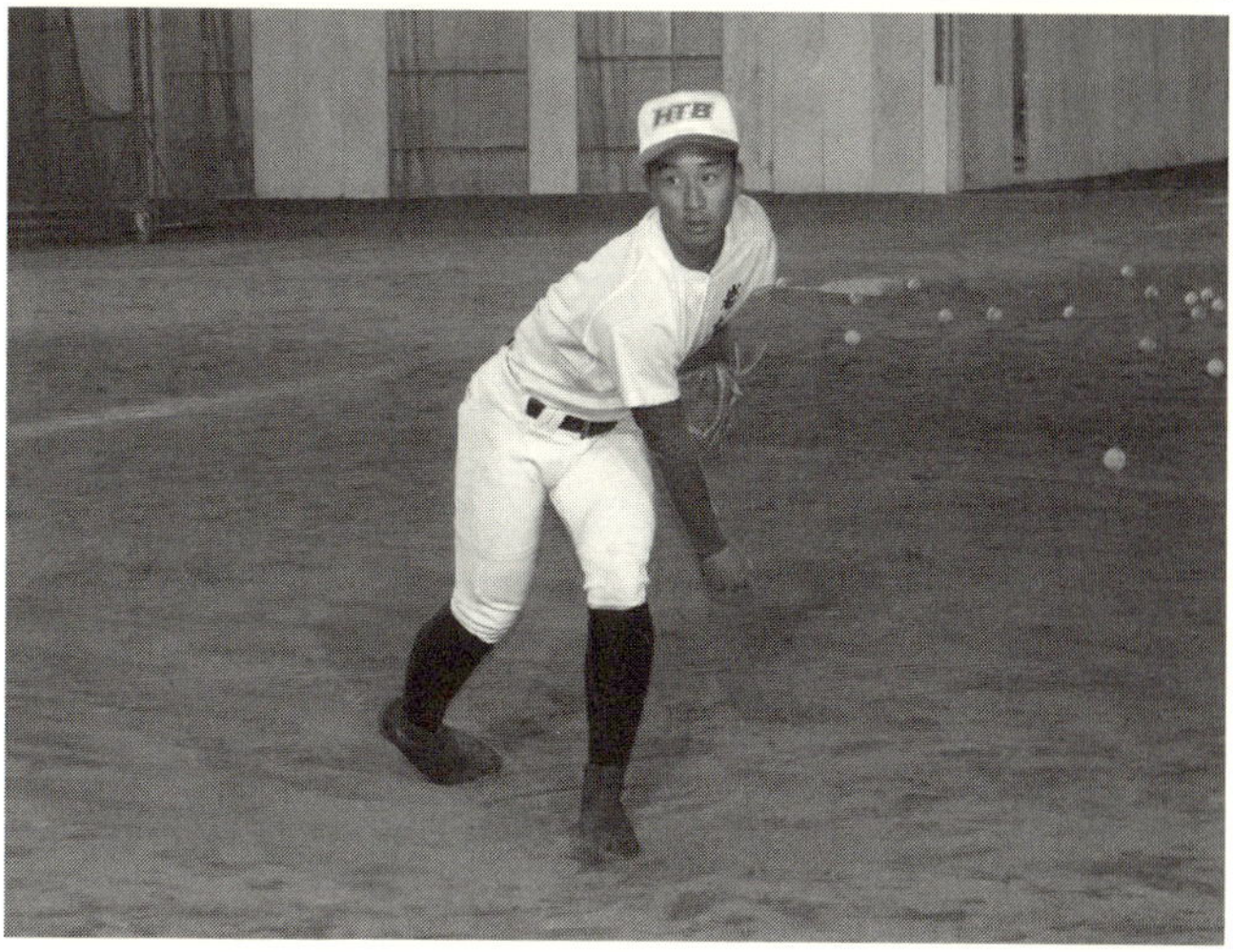

――スローイングはどこまで改善できますか。「投動作ほど教えることが難しい」とよく聞きます。

岩井　腕の使い方というよりは、投げ終わりの形をよく見ています。踏み込んだ前ヒザが突っ張る選手は、送球が上にふけていきやすいので、ヒザを柔らかく使って踏み込んでいき、軸足を下に着けておく（写真P129）。これだけで、高低が安定する選手もいます。

――腕の使い方に言及するのは、リスクがありますか。

岩井　じつは、石塚が上から投げるのが苦手で、スカウトからも「石塚君は上から放れますか？」と聞かれたことがありました。プロに行くことも考えて、2年生の冬に上から投げる練習をしたのですが、石塚には合っていない投げ方だと判断して、途中でやめました。少しスリークォーターの角度から投げるのが、石塚の体には合っている。ただ、三遊間の深いところから投げるには、そのままの投げ方ではきつい。そこに関しては体を少し倒すことで、腕の角度を上げるようにして、夏はいい送球を見せてくれました。

最終的に大事なのはハンドリング グラブの芯で捕る捕球音にこだわる

岩井　ひとつ付け加えておきたいのは……、捕球に関して、ここまでの話はあくまでも「形」であって、最終的に大事になるのはハンドリングだと思っています。形がどれだけきれいでも、ミスをする選手もいれば、逆に形が悪くても捕れる選手もいる。10メートルほどの近い距離で、さまざまなバウンドのノックを受けるハンドリング練習も取り入れています。

――結構近い距離ですね。

岩井　バウンドが合わなくても、ハンドリングでカバーする。どんな形でも、最後は捕ること。指導者としてよく見るようにしているのは、キャッチボールの捕球音です。『パチン』と音が鳴っている選手は、グラブの芯で捕れている。これはゴロ捕球のときも同じで、いいところで捕れている選手は、ノックをしていても音が聞こえてきます。広陵の小林君がまさにそうでした。こういう選手はハンドリングがうまいので、試合でもミスが少ない。一方で、いいプレーをしたとしても、捕球音が聞こえてこない選手は、本当に大事なところでエラーをしてしまう可能性があると思っています。

――選手も指導者も、捕球音にどれだけ意識を向けられるか。

岩井　そうなります。選手はそれによって、グラブの芯で捕ることにこだわるようになり、芯で捕れば握り替えもしやすい。そもそもなぜ、形が良くても捕れないかというと、結局、守備における主体はボールにあるからです。自分（守備者）ではなく、ボールにあるので、合わせていかなければいけない。きれいな形だけでゴロが捕れると思っている選手は、自分自身に主体性があるわけです。

――「受け身」であるバッティングと似ていますね。

岩井　形も大事だけど、形だけにとらわれてはいけない。じつは、広島に入った韮澤がこのタイプでした。捕球の形はきれいなのに、最後のところで距離感を合わせるのが下手でボールを捕れない。脳のメカニズムに詳しい人に相談したところ、「主体性が自分にあって、『この形で捕りたい』と決めてしまっている」という見方をしていました。どうしたら改善されるのか。

そこで教わったのが、「捕るときに声を出せばいい」と。「ヨシ!」と声を出すことで、自分の形ではなく、ボールに合わせるようになる。なるほどと思いました。

――たしかに、興味深い考え方ですね。

岩井　結局、最後は打球が捕れるかなんです。だから、練習では1対1で簡単なゴロを投げ合うような「ゴロ捕り」は、ほとんどやりません。それをやるなら、実戦に近いノックを受けたほうがいい。守備練習をするのなら、送球までつなげていく。冬場によくやるのが、足袋を履いて行う「ぐるぐるノック」です。バッテリーも外野手も左利きもすべて内野に入れて、ファースト、セカンド、サード、ショートをぐるぐると回っていく。サードはバント処理のイメージで、前の打球をチャージしながら捕って、ファーストにワンバウンドを放り、ファーストはハンドリングの練習をする。セカンドとショートはゲッツーを想定して、逆回りやショートスローを身につける。ノッカーはマウンドから左右に打ち分けていきます。

――今日初めて見せてもらいましたが、ポジションに関係なく、ぐるぐる回るだけで普段とは違った動きを学べるのがいいですね。ピッチャーはこういう動きがちょっと苦手でしょうか。

岩井　ショートスローが苦手ですね。でも、こういう練習でボールを投げる感覚がわかって、ピッチングが良くなっていくこともあるものです。指導者としては、形だけにはこだわらないことを大事にしています。

シートノックに中間守備の守りを入れるノッカーには「三者三様」の色がある

――ノックの話が出ましたが、花咲徳栄は試合前のシートノックで一、三塁想定の中間守備を入れていますよね。打球によって、内野手がセカンドゲッツーかバックホームかを決めていく。シートノックで、あれを入れている学校は結構珍しいように思います。

岩井　3年ほど前から、シートノックに入れています。あれをやってから、一、三塁での判断が良くなったのは間違いありません。頭ではなく、先に体が動くようになっている。二遊間への強い打球であれば、セカンドゲッツーを狙い、前への弱いゴロならバックホーム。セカンドに投げたあと、三塁ランナーが慌ててホームに狙うこともあって、4-6-2や6-4-2で変則的にゲッツーを取れることもあります。ファーストに関しては、3-6-3、3-6-1でのゲッツーが難しいので、正面のゴロであってもバックホームです。

――日頃の練習で、岩井監督がノックを打つときに気を付けているのはどんなことでしょうか。

岩井　一番は、足を動かすこと。強い打球よりも、足を使って捕る打球を多く打つ。あとは、右バッターが引っ張った三遊間のゴロや、ライト線に落ちそうな打球など、高校野球でよく出やすい打球を多めに打っています。

――高校野球は三遊間がやたらに抜けていく印象があります。

岩井　あの打球にどれだけ早く反応できるか。意識はだいぶさせます。

――トップスピンなど、ボールの回転は意識しますか。

岩井　わざと打つときはあります。特に、右バッターがポイント前で引っ張った三塁線の打球。別に毎日やる必要はないので、「今日はこういう打球を打つからな」と言ったうえで、それに時間をかけていきます。

――意地悪はしないんですね。

岩井　うちは、コーチの福本（真史）が試合と同じような打球のノックをいきなり打つので、選手は嫌がりますね。部長の村上（直心）は、結構汚い回転の打球が多い。3人ともに違う特徴があるので、それはそれで良いと思っています。

「このプレーは誰にも譲れない」というプライドを持つ
プロで10年、15年活躍することを考えて取り組む

――最後にメンタル的な話についても教えてください。守備面で、選手に伝えていることはありますか。

岩井　守備に限らずですが、試合中のメンタルとしては、「スタンドから下で野球をやりなさい」。スタンドを見上げるとお客さんが視界に入ってきて、気持ちが浮つくことがある。スタンドから下、言い換えるのなら、水の中で吹奏楽の応援も聴こえないぐらい集中した状態でプレーをしてほしい。もう何十年も言い続けていることです。

――石塚選手もよく口にしていました。

岩井　守備に関しては、「自分のこのポジションのこのプレーに、プライドを持つことは必要じゃないか?」という言い方をしています。サードであれば、三塁線の強い打球は絶対に捕る。ファーストであれば、ショートバウンドスローを必ずカバーする。このプレーは誰にも譲れない。そうしたプライドであり、マインドが、守備における強さにもつながっていくはず。目指すところは、「埼玉で一番のショート（ファースト、セカンド、サード）」です。誰がどう見ても、そのポジションで一番になる。守備力に加えて、攻撃面を含めた総合力が求められます。

――石塚選手は埼玉ではなく、全国でナンバー1のショートになりましたね。石塚選手のように、プロを狙う選手に特に言っていることはありますか。

岩井　進路に関する面談時に、「プロに行きたい」と言った選手には、「プロに行くとはどういうことなのか？」という話を懇々とします。野球をするのが仕事になるわけです。2年、3年ではなく、10年、15年と一軍でプレーしてこそのプロ野球選手。「ただプロに行きたいだけなら、大学に行ったほうがいいよ」とはっきり言います。30歳までプレーするにしても、今から12年以上は野球を仕事にする必要があるわけです。技術練習もトレーニングももちろん大事ですけど、一日何回の食事が必要で、たんぱく質はどのぐらい摂って……ということまで、高校生のうちから考えることができるか。それが、プロで活躍することにつながっていきます。

――野球が好きでなければできないことですね。

岩井　いえ、好きなだけじゃ続かないと思います。夕飯のあとに夜食を食べるときに、「もうきつい。嫌だな……」と思いながらも、それが仕事だと思って食べるぐらいであってほしい。

――それも練習のひとつだと。

岩井　そういうことです。だから、求めていることは昭和ですよ。石塚は10年、15年先のことを考えながら、ここで取り組んでいました。賢くて、喋れて、真面目。夏の大会が終わってからも、毎日のように練習に出て、そこでバッティングも守備もまた成長していました。

――石塚選手に刺激を受け、これからもプロを狙う選手がどんどん出てくることに期待しています。

健大高崎　捕手

青柳博文 監督（右）
木村亨 バッテリーコーチ

捕手の動きは「股関節主導」
配球は投手を敬い、尊重する

春夏12回の甲子園出場を誇る健大高崎。2024年センバツではチームが掲げる『高崎から日本一』を見事に果たし、悲願の初優勝を成し遂げた。例年、攻撃力に注目が集まるが、じつは毎年のように好捕手が育っている。キーマンである木村亨バッテリーコーチに、キャッチャー指導の極意を聞いた。

PROFILE　あおやぎひろふみ　1972年6月1日生まれ、群馬県出身。前橋商高～東北福祉大。現役時代は内野手としてプレーし、3年時にセンバツに出場した。大学卒業後、一般企業に就職。7年間の会社員生活を経て2002年4月に高崎健康福祉大高崎の監督に就任。2011年夏の甲子園初出場以降、甲子園常連のチームを作り上げ、2024年のセンバツで初優勝を飾った。

きむらとおる　1969年11月21日生まれ、埼玉県出身。帝京高～中央大。北本東中から帝京へ進学し、3年時に主将、捕手として春夏甲子園出場を果たす。中央大卒業後は働きながら中央大準硬式野球部、北本東中で外部コーチを務める。2015年より健大高崎の外部コーチに就き、バッテリーの指導を担当する。

健大高崎の「守備メソッド」とは？

一 監督自らは技術指導を行わず、「専門家」に一任

本稿で紹介する木村亨バッテリーコーチに限らず、健大高崎では選手への技術指導は各分野の「担当コーチ」が行うのが基本。青柳監督が自ら技術指導を行うことは稀で、あくまでもGM的な立場でチームを形成している。

二 正捕手の条件は「大人とコミュニケーションが取れる」こと

肩の強さやキャッチング技術はもちろん大事だが、それだけでなく「大人とコミュニケーションが取れる」高いレベルの言葉の力を持つことも求める。練習試合で配球などについて質問するケースがあるが、そのときに会話が成り立たないようでは、活躍することはむずかしい。

三 ピッチャーは王様、打たれたらキャッチャーの責任

たとえサイン通りに投げられずに打たれたとしても、その責任はサインを出したキャッチャーにある。ピッチャーは王様であり、尊重し、敬い、気分良く投げさせることがキャッチャーの仕事。ピッチャーの気分を害して良いことはひとつもない。

四 構えの基本は「股関節主導」

キャッチャーの基本は「構え」。構えが悪いと、キャッチング、ブロッキング、スローイングすべてに影響する。関節の可動域は人によって違うため、構えに「正解」はないが、股関節を中心に座り、動く際も股関節主導で動作に入ることを求める。

五 「捕ったところで止める」が大原則

「フレーミング」の流行でミットを動かすキャッチャーが増えているが、あくまでも大原則は「捕ったところでミットを止める」こと。とはいえ、ボール球をストライクに見せたいというキャッチャー心理はどうしても働くため、「捕ってからミットを動かす」のではなく「捕る前の予備動作」の流れで「ミットを動かしながら止める」技術も求めている。

マネージャーのお父さんからバッテリーコーチに青柳博文監督のチーム作りの発想は「餅は餅屋」

木村亨コーチの立場は、週末にグラウンドに来る外部コーチである。

埼玉・北本市立東中から帝京に進み、高3時には芝草宇宙（元日本ハムなど／現帝京長岡監督）とバッテリーを組んで、夏の甲子園でベスト4に輝いた実績を持つ。中央大の準硬式野球部でプレーしたのち、北本東中の外部コーチを務めているときに、健大高崎・青柳博文監督から声がかかった。

健大高崎と木村コーチの間に、どんな接点があったのか。この関係性がじつに面白い。

「当時、うちの娘が健大高崎でマネージャーをしていまして、娘が2年生の秋（2015年）、県大会の準決勝で樹徳に1対11で5回コールド負け。その翌週、たしか10月の三連休の初日だったと思いますが、嫁がお茶当番の係だったこともあって、自分も手伝いのためにグラウンドに行ったところ、青柳監督から『うちのキャッチャー見てくださいよ。コーチとしてお願いできませんか』と声をかけていただきました。断るわけにもいかないので、その日はジーパンと保護者のTシャツを着たまま、グラウンドで指導をした覚えがあります。夕方に、B戦から帰ってきた娘がその姿を見て、『お父さん、何やってんの？　勝手にグラウンドに入らないでよ！』と怒っていたんですけど（笑）、ちゃんと事情を説明して……。青柳監督からは、『明日も明後日も来れますか？』と聞かれて、そこからのスタートです」

木村コーチが最初に取り組んだのは、ワンバウンド投球に対するブロッキングだったという。当時のメニューは、140キロ近いピッチングマシン相手に、気合いと根性で止めることがメイン。細かい技術指導は、ほとんど入っていなかった。樹徳にコールドで負けた試合では、パスボールやワイルドピッチが失点に絡み、キャッチャーを育てていかなければ、甲子園が見えてこない現状があった。

それにしても、マネージャーのお父さんに声をかける青柳監督の決断も、なかなかすごいことではないだろうか。卒業後ではなく、まだ在学中だ。どんな想いで声をかけたのか。

「キャッチャーを専門的に教えられる人がいなく、苦労していました。自分も、キャッチャーのことは正直わからない。そのときに葛原美峰先生（2018年度までコーチ／「機動破壊」の生みの親）から木村さんの経歴を聞いて、『いろいろな知識を持っているから、教わったほうがいい』とアドバイスをくれたんです。木村さんが専門的に指導してくれるようになってから、うちのキャッチャーは間違いなく良くなりました。指導に関しては、木村さんに完全に任せています」

チーム作りにおいて、青柳監督はGMに近い立場にいる。監督自ら、技術指導をすることは稀。「餅は餅屋」の発想で、生方啓介部長、岡部雄一チーフマネージャー、小谷魁星コーチ、宮嶋大輔コーチ、塚原謙太郎トレーナー、木村コーチらを中心に10人近いブレーンがいて、それぞれの得意分野で力を発揮しやすい環境を整えている。だからこそ、「マネージャーのお父さん」であっても、チームのためになる人材であれば、積極的にブレーンとして声をかけていく。

木村コーチが就いて以降、大柿廉太郎（法政大〜NTT東日本）、是澤涼輔（法政大〜西武）、戸丸秦吾（立教大〜東海理化）、綱川真之佑（中央大）、清水叶人（広島）、箱山遥人（トヨタ自動車）と、好捕手が育っている。

選手との距離感はかなり近く、木村コーチの周りには選手が自然に寄ってきて、笑顔で会話が始まる。小谷コーチが、「選手からすると、木村さんはお父さんのような存在だと思います」と教えてくれたが、まさにその表現がピタリと合う。

問いかけることで、自らの考えを言葉にする
配球はセオリーを教えることからスタート

取材日は2024年11月下旬。健大高崎グラウンドで、シーズン最後の練習試合が行われていた。木村コーチに解説をしてもらいながら、キャッチャーに求める資質や配球のポイントを聞いた。まずは、頭脳面から掘り下げ、後半（152ページ）から技術面の指導法に入っていきたい。

――どういう目線で、練習試合を観ているんですか？

木村　基本的には、毎試合テーマがあります。試合前にキャッチャーから、「今日はこういう配球で行こうと思います」という話があり、そのあとにバッテリーで確認して、組み立てを考えるようにしています。先発完投を予定しているのなら、1巡目、2巡目、3巡目、4巡目で何を軸にしていくのかをある程度は考えておく。同じ配球をしていたら、中盤以降に捕まってしまいます。

――準備をしたうえで試合に臨むと。

木村　そういうことです。そのうえで実際に試合に入ってからは、その日に使える球種を早く見つけて、それをどうやって生かすかを考える。練習試合ではベンチに入ることが多いので（＊公式戦ではベンチに入れない）、守備から戻ってきたときに、「あそこでスライダーを使ったのは何で?」と聞くようにしています。正解や間違いがあるわけではなく、その狙いを確認するためです。そのときに会話が成り立たないようなキャッチャーは、なかなか活躍できません。

――健大のキャッチャーは毎年、自分自身の言葉を持っている印象です。

木村　肩の強さやキャッチングはもちろん大事ですが、大人とコミュニケーションを取れることが、正捕手に求める大きな条件のひとつです。今、正捕手を務める小堀(弘晴)は何度も問いかけていきながら、自分の言葉で表現できるようになってきました。

――実際に、キャッチャーとしての頭脳はどうやって育てていくのですか。

木村　1年生のときから、練習試合で私の隣に座らせて、バッターの見方を教えながら、「このバッターに対してどういう配球をする?」という問いかけを続けていきます。箱山は最初からしっかりと考えを表現できていて、キャッチャーとしての感性を持っていましたね。

――具体的に、配球はどうやって教えていくのでしょうか。

木村　まずは、バッターの基本的な見方を教えます。たとえば、トップのときにグリップの位置が高いバッターは、高めにバットが出づらく、低めにバットが出やすい。ただし、あくまでも傾向に過ぎないので、例外は当然出てきます。そのうえで、セオリーを伝えていきます。基本線はバッターの目からもっとも遠いアウトロー。そのラインを軸にして、バッターの反応を見ながら、外に出すか（ボール球）、逆に行くか（インコース）を決めていきます。アウトローに対してしっかりと踏み込んでくるのであれば、インコースが必要になり、踏み込まないのであれば、外の出し入れで勝負ができる。踏み込まないチームなら、ずっとアウトコースでも構わない。インコースはひとつ甘く入ると長打のリスクがあるので、やみくもに使うコースではないと思っています。

――インコースは連続で投げさせるような球でもないですか。

木村　そうだと思います。インコースに投げ切ったあとに、もう1球、インコースに要求するキャッチャーがいますが、「そんな厳しいところに2球続けて投げられないだろう」という話はします。ピッチャーの心理を考えると、「1球前よりも厳しいボールを投げなければいけない」と考えがちです。だから、インコースに関しては、1球投げ切れたら大拍手。次はその球を生かして、違うコースや球種で攻めていけばいいわけです。

――右対右、あるいは左対左で、外のスライダーで2球空振りを取って、次に同じスライダーを投げられれば三振……と予想できる場面でも、真ん中にスライダーが抜けて打たれる場面を目にします。

木村　それがピッチャー心理です。「より良い球を投げよう」と思うことが、力みにつながっていくものです。キャッチャーはそれを頭に入れておかなければいけません。

――インコース攻めにつながる話ですが、ホームベースにベタ付きをして、インコースを消す高校もありますが、そのときはどんな考えで攻めればいいのでしょうか。

木村　インコースは多少甘くなってもいいと伝えています。厳しく攻めすぎると、デッドボールのリスクもあるので。気を付けておきたいのは、バットを短く持って真ん中甘目をフルスイングしてくるバッターです。長打の危険性がある。こういうバッターに有効なのは、外の出し入れと、真ん中低めへの緩い球。短く持っている分、体から遠いところや低いところは長打になる可能性が低いと言えます。

――新基準バットになったことで、「緩い球が効果的」という声を聞くようになりました。

木村　非常に有効です。反発力が低いので、外野フライで打ち取れる確率が上がっています。

――2ストライク後にノーステップで対応するチームも増えていますが、どんな配球が必要でしょうか。

木村　チェンジアップ系でタイミングをずらせば、前に泳いで当てるバッティングになりやすい。ノーステップにするほど、緩急への対応が難しく、ボールとの間合いが取りにくくなります。

打たれたときはキャッチャーの責任
ピッチャーは王様であり、ピッチャーを敬う

――ベンチから配球のサインを出すことはありますか？

木村　それは絶対にやりません。サインを出してしまうと、キャッチャーが育たないと思っているので。ピッチャーの状況やバッターの特徴を見ながら、自分で考えて出せるように育てていかなければ、甲子園では勝てませんし、その選手の将来につながっていかないと思います。たとえ、草野球をやるにしても面白くないですよね。打たれて覚えることもたくさんあるのが、キャッチャーの配球です。

――ベンチから見ていて、木村さんが考える配球とキャッチャーが考える配球に、違いが出ることもあると思います。

木村　当然、キャッチャーの考えが最優先です。ピッチャーの球を実際に受けていて、バッターをもっとも近くで見ているのはキャッチャーですからね。指導者の考えが強くなりすぎないように、そこは気を付けています。

――仮に打たれた場合は、ピッチャーとキャッチャーのどっちの責任ですか。

木村　もちろん、キャッチャーです。サインの通りに投げられなかったとしても、そのサインを出したキャッチャーが悪い。根本の考えとしてあるのは、ピッチャーは王様です。ピッチャーのことを敬い、尊重し、どれだけ気分良く投げさせることができるか。それがキャッチャーの役目です。ピッチャーの気分を害して、良いことは何ひとつありません。

――昨年の箱山選手はかなり表に出る性格で、キャッチャーのほうが強く感じましたが。

木村　昨年に関しては、佐藤龍月と石垣元気が下級生だったので、箱山が強く引っ張る関係性がうまくいった例だと言えます。同級生同士だった場合に、うまくいったかどうかはわかりません。相性もありますからね。

――なるほど、学年も関係してくるわけですね。

木村　箱山には、「お前が求めたところにボールがこないからといって、ピッチャーが悪いわけではない。求めたところに投げさせられないお前の責任だぞ」という話をよくしていました。下級生であったとしても、基本的にピッチャーは王様です。

――石垣投手の帽子には、先輩が書いた言葉だそうですが、「King of king」と書いていました。

木村　ピッチャーは、それぐらいの気持ちでいいと思います。あと、キャッチャーに必ず言うのは、「ピッチャーが生涯投げられる球数はおおよそ決まっている。一生投げ続けられるわけではない。リミットが決まっているのだから、キャッチャーは1球たりとも無駄にしてはいけない。不用意に捕るのも、不用意にサインを出すのもあってはならないこと」という話です。それぐらいの気持ちで、ボールを受けてほしいんです。

――とても心に残る話ですね。実際に、佐藤龍月投手がトミー・ジョン手術を受け……。

木村　それだけ、身を削って投げているわけです。

――配球の面で、「気持ち良く投げさせたい」という考えから、ピッチャーが得意なボールに偏ることはないのでしょうか。

木村　それはないように教えています。得意なボールと、その日に良いボールは違いますから。普段はストレートが武器であっても、スライダーの調子が良ければスライダーを軸にしていく。良いボールを早く見つけるのも、キャッチャーの仕事です。

――サインに首を振られた場合は、ピッチャーの意思を尊重する形でいいですか？

木村　もちろん、オッケーです。ピッチャーが何かを閃いたわけですから。ピッチャーが投げたくない球を投げさせても、あまり良い結果にはならないと思います。仮に、ピッチャーが投げたい球で打たれた場合には、試合後にバッテリーで話しをすればいいわけです。そのときに、キャッチャーの考えをしっかりと伝えておけば、次に似たような状況があったときに、ピッチャーも考えて投げるようになるはずです。

股関節主導で動くことがすべての基本
「股関節フットワーク」で動きを習得

ここから、具体的な技術指導に入っていきたい。キャッチャーにはさまざまな技術が求められるが、その土台となるのが捕球時の構えだ。構えが悪ければ、キャッチングにもブロッキングにもスローイングにも悪影響を及ぼす。

「選手によって骨格が違えば、関節の可動域にも差があります。だから、『絶対にこう構えなさい』という教え方はしていません。そのうえで、どんなキャッチャーであっても大事にしてほしいのは、股関節を中心に座り、股関節主導で動くことです。それが、安定したキャッチング、スローイングにもつながっていきます。ヒザで座って、ヒザで動くキャッチャーがいますが、ヒザ関節は弱く、下半身の力を伝えにくい。それにどうしても伸び上がる動きになるため、スローイングがぶれやすくなります」

技術写真のモデルを務めてくれたのが、正捕手の小堀である。股関節主導（写真P153上）とヒザ主導（写真P153下）では、見た目の安定感がまったく違うことがわかる。股関節周

構え（股関節主導）

構え（ヒザ主導）

辺には大殿筋を中心とした大きく強い筋肉がついているが、ヒザを中心に動くと、せっかくの強い筋肉を使えないことにもなってしまう。

木村コーチの指導のもと、日々のウォーミングアップで股関節から動くフットワークドリルを導入。下半身の強化とともに、股関節に意識を持っていくのが狙いとなる。

股関節フットワーク①（足開閉／中腰サイドステップ）

地面に置いたボールを拾い上げるイメージで、股関節を基点にして、足を開閉する（写真P155上）。ヒザがつまさきよりも前に出ないように注意する。必ず、レガースを着けて行うが、木村コーチの言葉を借りれば、「キャッチャーにとって、防具は友達。友達とはいつも一緒に」。防具を着けて動くことを当たり前にしておく。

次に、およそ1メートル間隔に2つのボールを並べ、左右のステップで手をボールに近付ける。股関節の前傾姿勢を保ち、お尻が落ちすぎないようにしておく（写真P155下）。

股関節フットワーク②（中腰／捕球姿勢サイドステップ）

木村コーチがトスするボールを素手（左手）でキャッチし、トスで投げ返す。

股関節を基点に足を開閉　動

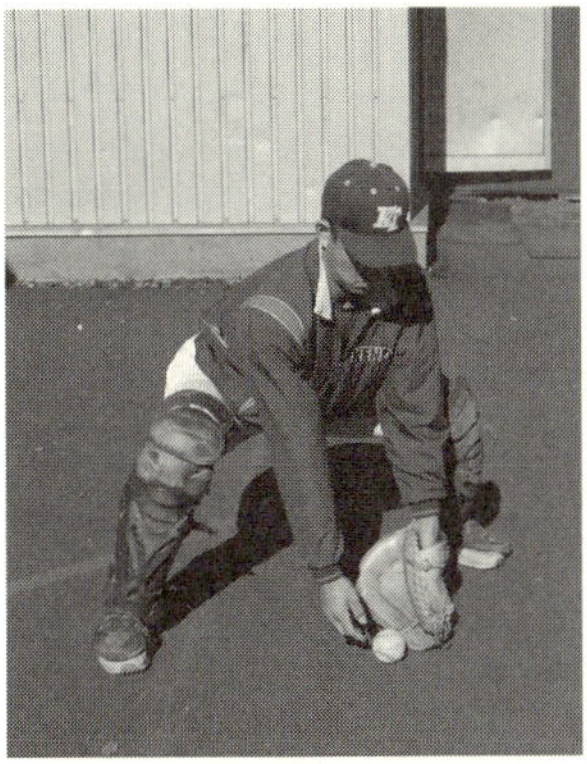

左右のステップ　動

最初は、股関節を前傾させた中腰の体勢から、左右に4歩ずつサイドステップ。次にキャッチャーの捕球姿勢から左右に3歩ステップ。ヒザ関節を主に動くと、ヒザを痛めかねないので注意が必要となる（写真P157）。

健大高崎では、塚原トレーナー指導のもと、スクワットやデッドリフトなどに力を入れていて、股関節周りの筋肉を鍛える狙いがある。ウエイトトレーニングで正しい姿勢を覚えることが、野球のパフォーマンスにつながっている。

股関節フットワーク③（前進／横移動）

5キロのメディシンボールを胸の前で保持し、捕球体勢を作った状態から、二塁方向へ真っすぐスムーズに歩いていく。左右どちらかの股関節の動きが悪いと、動きに硬さが生まれてしまう。

硬さを自覚しやすいのが、次に行う横移動（右方向&左方向）になる。モデル役の小堀の場合、右方向に進むときの右足の動きが硬く、木村コーチから指摘を受けていた。こうした硬さが、ワンバウンドを止めるブロッキングにもつながってくるという（写真P158）。

股関節フットワークに関して、「キャッチャー陣はトレーニングだと思っていますけど、技術

左右に3歩ステップ　動

左右にサイドステップ　動

二塁方向へ真っすぐ歩く 動

横移動（右方向&左方向） 動

練習前のウォーミングアップです。だから、毎日地道にやること。それによって、動きは確実に変わっていきます」と木村コーチ。いわば、キャッチャーとしての動きの土台作りであり、土台なくして、技術を積み上げていくことはできない。

【構え】ピッチャーに正対して構える

繰り返しになるが、股関節を基点に座り、股関節から動ける構えが基本となる。ヒザを内に入れるか外に入れるかは、それぞれの個性として認めている。そのうえで、木村コーチがキャッチャー陣に伝えているいくつかのポイントを紹介したい。

まずは、斜めに構えないこと。特にランナーが一塁に出塁した際、二塁送球のことを先に考えて、右足を引いて斜めに構えるキャッチャーがいる。ピッチャー視点に立ったときに、的が見えづらくなるため、胸はピッチャーに対して真っすぐ向けておくこと。盗塁を刺すことよりも、ピッチャーの球を受けるのが優先事項であることを忘れないように。また、ワンバウンドのブロッキングを考えても、斜めに構えていると、動きにくい方向が生まれてしまう。

構える位置で球種を読まれない工夫

もうひとつ、「どこに構えるか」も重要になる。キャッチャーが構える位置によって、球種を読み、狙い打ちする高校がある。たとえば、右対右でキャッチャーがインコースに構えれば、高校生の場合は9割方ストレート。また、落ち球を持っているピッチャーに対して、キャッチャーが真ん中付近に構えれば、チェンジアップやフォークであることが多い。

ランナーからバッターへ球種を伝達することは禁止されているが、だからといって、相手に簡単に情報を与えていいわけではない。落ちる系だとわかれば、スタートを切ってくるチームもある。どのような対策が必要になるか。

「最初にアウトコースに座って、そこから真ん中やインコースに移動する。毎球やる必要はないので、こうしたフェイントを何度か入れておけば、完全に狙われるケースは減ってきます。自分の高校時代の映像を見ると、『こんなに動くの?』と思うぐらい、よく動いています。芝草がコースを張られるのがイヤで、『ジッと構えずに、もっと動いてほしい』と言われてから始めたことです。芝草の場合は、キャッチャーがどんなに動いても、しっかりと投げ切れるコントロールを持っていたのでできたことです」

試合時のみ、「相手にばれないように」とせわしなく動いて、ピッチャーがコントロールを乱すようでは本末転倒となる。ブルペンから、しっかりと練習しておきたい。

なお、アウトコースにもインコースにもスムーズに動くためには、股関節主導で動ける構えとともに、股関節周辺の柔軟性が必要となる。

小堀に構えのポイントを聞くと、「左右の股関節に重心を乗せ換える感じで、どのコースにも対応できるような準備をしています」と教えてくれた。左右に少し揺れて構えるイメージだ。「100パーセントアウトコース」と決めつける構えをしていると、逆球が来たときに反応できないという。

【キャッチング】捕ったところでミットを止める

木村コーチが大原則として伝えているのが、「捕ったところで止める」だ。ここ数年、「フレーミング」が流行り、高校生でもミットを動かすキャッチャーが目に付くが……。

「際どい投球に対して、ミットを動かすということは、『今のはボール球だったかな。ストライクにしてほしい』という気持ちの表れです。それは審判さんに失礼な行為であるし、『ボール球だった』とキャッチャー自身が認めていることになります。『審判さんを騙すような行為はしないように』と伝えています」

ただ、同じキャッチャーとして、ストライクに見せたくなる気持ちもわかるという。そこで木村コーチが求める技術は、低めであれば、「捕ってからミットを上げる」ではなく、「ミットを上げながら止める」という技術。あくまでもミットを動かすのは、「ボールを捕る前の予備動作」ということだ。

ホームベースの左側に対する捕球技術

木村コーチが「キャッチャーにとってもっとも難しいコース」と語るのが、右バッターのインコース、左バッターのアウトコースのキャッチングだ。つまりは、キャッチャーから見たときに、ホームベースの左側になる。

「どこのコースまで逆シングルで捕れるか、ということです。同じようなインコースの際どい球に対して、逆シングルで捕るとストライク、脇を締めて捕る(フォアハンド)とボールになることがあります。経験上、逆シングルで捕ったほうがストライクになりやすい気がします」

逆シングルで捕ると、左ヒジは体の外に出るが、ミットは体の中に入る。一方で、脇を締めると、左ヒジは体の中に入るが、ミットは体の外に出る。この違いが、ジャッジにも影響を及ぼしている可能性がある。

「左ピッチャーのストレートや、右ピッチャーのシュート回転で抜けるようなストレートは、逆シングルで捕ってほしい。キャッチャー陣には、『左ヒザのラインまでは逆シングル』と教えています。ただ、難しいのが、左ピッチャーのスライダーです。特にうちの佐藤龍月のスライダーはかなり曲がるので、ヒジを締めたほうが捕りやすい。このあたりは、臨機応変に考えさせています」

捕球練習①　捕りやすい球で形を身につける

日頃の練習では、近い距離から半速球を繰り返し捕り、体に動きを染みつかせていく（写真P164）。捕りやすい球のほうが、体の使い方にフォーカスを当てることができる。ブルペンで球を受けることももちろん大事だが、基本の形作りとしては近い距離がおすすめ。

「ミットの動きは外（ボールゾーン）から内（ストライクゾーン）へ。捕るときはしっかり止めて、あとは審判さんにジャッジを委ねる。これが、キャッチングの基本技術になります」

小堀にホームベースの左側のキャッチングについて聞くと、「左ヒザを下げて、空間を作ることが大事」とのこと。左サイドのキャッチングが難しいのは、ミットを持つ左側に左ヒザがあ

捕球姿勢の基本形

ボールに合わせて左ヒザを下げる

り、どうしても動きに制限がかかってしまうのも理由のひとつ。ボールに合わせて、左ヒザを下げることで左手の可動範囲を広げることができる。

【ブロッキング】
落下地点を見ることが大原則

木村コーチが就任したときに、最初に指導したブロッキング。

「基本的な形は、構えたところからその場にヒザを落として、ミットで股の間をふさぐ（写真P167上）。そのうえで、ボールの落下地点を自分の目で見ること。内野ゴロを捕ることを考えればわかると思いますが、ゴロの跳ね方を見ているから、打球を捕ることができる。ワンバウンドを止めるのも同じです。ボールを見ていなければ、止められない。これが速い球ばかりで練習をしていると、恐怖心のせいで、ボールを見ずに逃げるクセがついてしまいます」

これを基本形としたうえで、左右に逸れたボールに対応していく。

左右へのボールに対しては、半円を描くイメージで斜め前に詰めていく。小堀は、「特に変化球は不規則な跳ね方をするので、ボールと体との距離を詰めていきたい」という表現を使っていた。右にも左にもスムーズに動くために、日々の股関節フットワークが重要になってくる。

ブロッキング練習① 緩い球から形を覚えておく

5メートルほどの近い距離から投げられた緩いワンバウンドを、確実に下に落とす練習を繰り返し、ブロッキングの形を作っていく（写真P167中）。緩いボールであれば、ボールを見ることへの恐怖心もないはずだ。気合いと根性だけでは、ワンバウンドは止められない。

足の運びを覚える一環として、前から投げられたボールをあえてトンネルするのもおすすめの練習となる（写真P167下）。股の下にボールをくぐらせるためには、足を使って、体の正面にボールを入れなければならない。

ブロッキングの目的は「進塁を防ぐ」

木村コーチによると、「どこにボールを落とすか」も重要で、ランナーが一塁にいるときにショートや三塁方向に弾くと、右投げのキャッチャーにとってはセカンドに投げにくくなる。これが二塁方向や一塁方向であれば、ボールを捕る順方向のままセカンドに投げることができる。相手のキャッチャーを分析するときは、弾く方法をチェックして、ワンバウンドゴーに生かしているという。

ブロッキングは「止める」が目的ではなく、「進塁を防ぐ」が目的。そこを勘違いしてはいけ

ミットで股の間をふさぐ

緩いワンバウンドを下に落とす 動

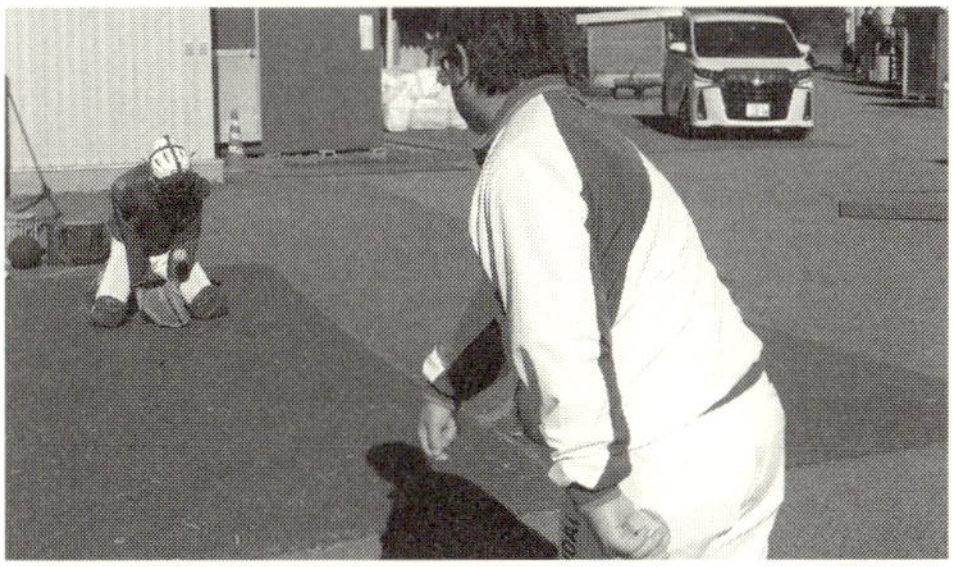

ボールをあえてトンネルする 動

ない。そう考えたときに生まれるのが、「ショートバウンドをミットで捕る」という選択肢だ。「ワンバウンドであっても、ミットで捕れるボールであれば捕ってしまったほうがいい。ランナー三塁では、さすがに体で止めることが優先ですが、それ以外では捕りにいっても構わない。そのために、うちではハンドリング練習を入れています」

止めるか、捕るか。瞬時の反応が必要になるため、日々の練習で適切な判断力を磨いていく。

ブロッキング練習② 捕るか止めるかの選択

練習では、10メートルほどの距離から投げられたワンバウンドに対して、ボールとの距離感を判断しながら、キャッチングかブロッキングを選択する（写真P169）。決して、すべての球をミットで捕りにいくわけではない。

付け加えると、キャッチングにもブロッキングにも通じるのが、ホームベース周りの整備だ。グラウンドが荒れた状態のまま、投球を受けてはならない。

「どこに逸れてもいいように、ホームベースの周りをならしておくこと。これは絶対です。高校時代、芝草がフォークやスライダーを得意にしていたこともあって、ワンバウンドがくることを常に想定しながら受けていました。バッターが入ったあとの打席は、自分自身で必ずなら

捕るか止めるかの選択　動

す。小さな穴のところにボールが入ったら、どんな跳ね方をするかわからないですよね」
グラウンドをならしたからといって、止められるとは限らないが、キャッチャー自身でやれることはすべてやっておく。

ブルペンで数多くの球を受ける

一口に「スライダー」と言っても、ピッチャーによって曲がり幅や球速は違う。ブルペンで数多く受けて、体で覚えていくしかない。さらに言えば、試合でピンチの場面になると、ピッチャーはおのずと力が入るため、ブルペンとはまた違った球質になることもある。キャッチャーにとっては、すべてが経験であり、それが財産となる。

「ブルペンの段階から、試合を想定して本気でボールを受けて、止める練習をするしかありません。ブルペンでは当然ランナーがいないので、ラクをしてしまうキャッチャーがいますが、それでは技術は上がらない。それに、ピッチャーからの信頼も得にくくなります」

ブルペンこそ、勝負の場。ピッチャーとしての肩ヒジの寿命を考えても、1球たりとも無駄にすることはできない。

【二塁スローイング】事前準備がカギ

二盗への対応は、一塁走者がスタートを切る前から始まっている。

ランナーがいるときは、お尻を少しだけ上げ、重心を股関節に乗せて、送球に移りやすい捕球体勢をあらかじめ作っておく。このときに、斜めに構えることがないように注意。また、二塁送球のことで頭がいっぱいになり、スローイングしやすい外のストレートが増えるのもご法度。バッターを抑えることが第一優先で、盗塁ケアはその次に考えることになる。

もうひとつの事前準備は、配球のサインを出したあとに、一塁走者を必ず一度見ること。視界に捉えておくことで、そのあとの動きに気付きやすくなる。

「一度見ておけば、そのあとは周辺視野でそこから動いたかどうか、自分自身でわかるようになります。『走ったら言ってくれ』と周りに頼んでいるキャッチャーがいますが、周りの声を頼りにしていたら、絶対に反応は遅れます」

当然のことだが、自分の目で見たうえでの反応がもっとも早い。

「速さ」よりも「正確さ」

イニング間の送球練習では、1・9秒台を記録する高校生もいるが、大事なのは実戦でどれだけ盗塁を刺せるかだ。何を重視するのか。木村コーチは昨年から、優先順位を変えたという。

「昨年までは速さを求めていましたが、今は正確性を優先するようになりました。プロのスカウトから、『速さよりも正確性が重要』という話を聞いたのがひとつの理由です。高校生を見ていると、タイム的な速さは勝手に意識するので、それだけに正確性に意識を向けさせたほうがいいように感じています」

では、正確性を生み出すものは何か。

「下半身をしっかりと使うことと、上体をぶらさないことです」

言い換えれば、「土台と方向性」とも表現ができる。

送球練習①　下半身と体幹で土台を作る

5キロのメディシンボールを胸の前で保持した状態で、捕球から送球（トップまで）の一連の動作を作る。メディシンボールを持つことで、上体主導ではなく、下半身と体幹を意識しやすくなる。

右足のステップは、なるべくその場に踏み出し、軸足（右足）のくるぶしを二塁方向に向け、左足を二塁方向に真っすぐ踏み出す。この方向性がずれると、スローイングの正確性もぶれることになる。

「できるだけ、右足を動かす幅を小さくしたほうが、正確性が増すと思っています。バックステップはNG動作としたうえで、横にずらすとしても左足の近くまで。バッターがいるので、基本的には前にはステップしないように指導しています」

右足のステップで注意するのは、左打者が打席に立っているときだという。木村コーチの経験上、左打者のときに二塁送球がぶれる高校生が多いそう。

「右打者のときは、キャッチャーの左側にカベがあるので、体を開かずに投げることができます。それが左打者になると、右足を左足側に寄せてステップして、さらに左足を開いて、広い空間で投げようとしがちです。それによって、左肩が早く開いて二塁方向に抜けやすい。キャッチャーには、『左打者のときも、右打者と同じ意識で投げるように』と伝えています」

左打者のときに送球が乱れるキャッチャーは、架空の右打者をイメージしておく。

送球練習② 体の近くで捕球

握り替えに重きを置いた練習。7メートルほどの距離から投げられた緩めのボールを、できるだけ体の近くで捕り、素早く握り替え、送球体勢を作る（写真P175）。右手はなるべく動かさずに、ミットの返しを使って、ボールを利き手に運ぶ。

「大前提として、ミットの芯で捕ることです。毎回、芯で捕っていれば、ボールがどこにあるか本能的にわかるようになります。逆に、捕る場所がバラバラの場合は、持ち替えのためにボールを探さなければいけません」

当然、持ち替えるだけでは投げられないので、そこに軸足の動きをつけていく。

「感覚的には、ボールを捕る動きと軸足を踏む動きを同じタイミングで行う。体の近くで捕るほど、握り替えに要する時間を省くことができます」

捕球からトップに持っていくまでの動きにもポイントがあり、木村コーチの言葉を借りれば、「真っすぐ引く」のではなく、「下から回す」。実戦になるほど、ヒジを回す動きが小さくコンパクトになる。

「昔から言われている〝キャッチャー投げ〟は、捕ったところから耳の横に引く動作をイメージしますが、これをやると上と下の動きがずれやすく、頭が突っ込みやすい。キャッチャーにもよりますが、下から回したほうが上と下の時間が合いやすく、ヒジも自然に上がっていきやすいと思います」

大きかった木村コーチとの出会い キャッチャーの面白さに気付く

最後に、モデルを務めてくれた小堀に木村コーチの印象を聞いてみた。

「自分にとっての師匠です。ぼく自身、キャッチャーとして成長したくて健大高崎を選びました。配球面から技術面まで、すべて木村さんに教わっています」

100パーセントの信頼を寄せているのがわかる言葉だ。配球面ではどんなことを教わっているのか。

「2ストライクからの攻め方、インコースの使い方、バッターの見方、間合いの使い方……、もう全部です。試合後に、自分から『こういう考えで配球したんでしたけど、どうでしたか?』

体幹を意識した送球練習 動

体の近くで握り替える 動

とよく聞くようにしています。公式戦になると、木村さんがベンチにいないので、正直困ることもあって、木村さんが座っているスタンドを見ちゃうときがあります（笑）」

木村コーチは、なるべく目を合わせないようにしているとか。

「中学時代は、監督がピッチャー出身だったこともあって、ピッチャー目線の配球を教わって、それも今に生きているんですが、どうしてもひとりの打者に多くの球数を使う配球をしていました。目の錯覚を生かすために、意図的にボール球を投げさせる。それが、健大に来てから、無駄なボール球があることを知って、配球のパターンが増えました。今は、打てないバッターがいるのなら、ストライク3つで勝負すればいいと思っています」

木村コーチが理想とするのは、「1球でアウトを取る」。小堀は高校に入るまでは三振を取ることがベストだと思っていたそうだが、そこから「いかにバットを振らせるか」に意識が向いているという。

「自分は、高校で木村さんに出会ってから、キャッチャーがより楽しくなりました」

この言葉を、柔和な表情で聞いていた木村コーチ。これからも、健大高崎から好捕手が育っていくはずだ。

健大高崎　青柳博文 監督／木村亨 バッテリーコーチ

NTT東日本 外野手

飯塚智広 元監督（NHK高校野球解説者）

外野手は「外野」にあらず 新基準バットこそ、外野守備が勝敗のカギを握る

2022年夏からNHK甲子園中継の解説を務める飯塚智広氏。亜細亜大に進んでから外野手に転向し、NTT関東（NTT東日本）に入社後、2000年のシドニー五輪代表に選出された。2014年からNTT東日本の監督を務め、2017年の都市対抗野球で優勝を果たした。選手、指導者、そして解説者の視点から、「外野守備の極意」を聞いた。

PROFILE　いいづかともひろ　1975年9月28日生まれ、千葉県出身。二松学舎沼南高～亜細亜大～NTT関東・NTT東日本。高校まで投手で活躍し、2年夏に千葉大会準優勝。亜細亜大で外野手に転向し、2度のベストナインを獲得。NTT関東入社後、2000年にシドニー五輪出場。2007年引退後、2009年にNTT東日本のコーチに就任、2014年から21年まで監督。

外野手もスプリットステップをしていた報徳学園
1球への集中力が一歩目の早さにつながっていく

――「守備技術の極意」と題して、さまざまな指導者にお話を聞いています。センターで2000年のシドニー五輪に出場され、2017年にはNTT東日本の監督として都市対抗を制した飯塚さんには、「外野守備」をテーマに語っていただけると嬉しいです。2022年からNHKの甲子園中継の解説を担当していますが、外野の守備で印象に残るチームはありましたか。

飯塚　真っ先に思い浮かんだのが、報徳学園です。2024年春のセンバツで、初めて報徳学園の試合を担当しました。試合が始まってすぐに気付いたのが、内野手も外野手もピッチャーが投じる球に合わせて、全員がスプリットステップ（小さくジャンプ）を入れていたことです。内野手がやるチームはありますが、外野手までやっているチームはあまり記憶にありません。その結果として、全員が1球に集中し、連動しているように感じました。

――報徳学園は好守を武器に、2024年のセンバツでは準優勝を果たしました。

飯塚　報徳学園の守備陣はグラブさばきやフットワークがうまいだけでなく、守備範囲が広く、甲子園が狭く感じました。それは、スプリットステップからつながる一歩目の早さにあると思います。特に動く距離が長い外野手は、一歩目の早さが守備範囲の広さに直結します。

――「甲子園球場が狭く感じる」とは、良い表現ですね。

飯塚　外野手が試合中、すべての球に集中するのは簡単なことではありません。「外野」という言葉からわかるように、どうしても観戦者になりやすい。内野手と違って、バッターとの距離も遠いですからね。だからこそ、全員が全球に集中することができれば、大きな武器になります。だいたい、表で150球、裏で150球と考えると、お互いに1試合で300球。NTT東日本で監督をしているときは、300球すべてに集中しているチームを作りたいと考えていました。報徳学園はそれを体現しているチームで、あれだけ高い守備力を見せていたのも納得できます。勝負の世界なので、「だから勝てる」とは言えないですが、「負けにくいチーム」であるのはたしかです。監督時代から大切にしていたのは、「勝負に負けたとしても、野球では負けない」。全員でやるべきことをしっかりとやろう、という意味につながります。

二遊間から外野手に球種のサインを送る フォークのときは前目に意識を置いておく

――一歩目の早さを高めるために、飯塚さんが現役時代に実践していたことはありますか。

飯塚　まずは構えですね。かかと体重ではなく、やや前かがみの体勢でつまさき側に体重を乗せておく。そこから、私の場合はスプリットステップではなく、バッターのスイングにタイミングを合わせて、前に一歩出る合わせ方をしていました。どんな合わせ方でも構わないので、大事なのは「動から動」を作り出すこと。表現が難しいですが、自分の中では「スイングに吸い込まれる感覚」を持っていました。

——独特の表現ですね。二遊間が腰の後ろで、球種やコースのサインを外野に伝えることもありますが、あれによって打球方向の準備はできるものでしょうか。

飯塚　大いに意味があります。最近は、サインを出す二遊間が減っていると感じますが、私は送るべきだと思います。相手チームにばれる不安があるのなら、ショートやセカンドが帽子のツバを触ったり、右足を開いたり、いくらでも出し方を工夫することはできます。外野手の動きが早すぎて、バッターに球種を察知されるケースもありますが、リリースのあたりで数歩動くのであれば、気付かれないはずです。動かないにしても、予測した打球方向に重心を乗せておくだけでも、一歩目の早さは間違いなく変わります。

——1球への集中力も上がりそうですね。

飯塚　たしかに、それもあると思います。それに、予測した通りに打球が飛んでくると、外野手としてのモチベーションが上がります。

―― 外野手の視点から考えたときに、二遊間からのサインで一番知りたいのは何ですか。

飯塚　私はセンターを守っていたので、キャッチャーが構えるコースはおおよそわかります。ストレートに遅れている右バッターに対して、外に要求しているのであれば、当然ながら右中間方向に意識が向く。大事なのは球種のほうで、さすがにセンターからキャッチャーが出すサインまでは見えません。だからこそ、二遊間からの情報が欲しい。一番求めていたのは、フォークやチェンジアップ系の落ちる球をいつ投げるか。バッターからすると、タイミングをずらされるので、泳ぎながら当てにいくことになります。外野手の後ろに長打性の当たりが飛んでくる可能性は低く、前に落ちる打球が増える。守備位置を前にしたり、重心をよりつまさき側に乗せたりすることで対応していました。

―― レフトやライトも、二遊間からのサインが見えているものですか？

飯塚　見えないときのほうが多いと思います。そのときはセンターにいる私が、ライトやレフトに「前だぞ」とジェスチャーで送っていました。これはキューバ代表の例ですが、キャッチャーのサインを見たショートがサードに対して、「お前のところに飛ぶぞ」と指笛でピュッと合図を送っていたこともあります。

――こうした話を聞くと、守備において球種がわかることはかなり重要なことですね。最近耳にするのは、「キャッチャーのサインが複雑になって、二遊間が理解できていない。だから、外野にサインを送れない」という話です。

飯塚　あってはならないことですね……。チームで戦っているわけですから、二遊間はキャッチャーのサインを必ず把握しておくべきです。そのうえで大事なのは、紅白戦やシートバッティングから、二遊間がサインを出すことを当たり前にすることです。

――練習のときからやるんですか？

飯塚　もちろんです。試合のための練習ですから。シートバッティングでショートがサインを出していないとしたら、センターは「何で出さないんだよ。打球方向を予測できないじゃないか」と言わなければいけません。出さないショートだけでなく、それを指摘しないセンターにも問題があります。

目を切りながらライン上を真っすぐ走る
捕球技術を磨くには「マルチタスク」がカギ

――守備範囲が広い外野手ほど背走を得意にしていると感じますが、背走の技術を磨く練習はありますか。

飯塚　1本のライン上を真っすぐ後ろに走っていく練習です。あらかじめ決めた目標物を常に視界に入れながら、右肩越しに目標物を見たあと、次は腰を切り返して左肩越しに見る（写真P186右）。この動きをできる限りスピードを落とさずに繰り返し、蛇行しないように真っすぐ下がっていけるか。ボールを使わずにやったほうが、動きの習得につながりやすくなります。

――目標物から目を切る必要はないんですね。

飯塚　それは次のステップです。肩越しに常に目標物を見られるようになったあとは、あえて目を切る練習をします。目標物とは逆側の方向に顔を回したあと、すぐに目標物を探して、そのあとにまた目線を切る。この動きを繰り返していきます（写真P186左）。ここでもスピードを落とさず、ライン上を走っていくのがポイントになります。はじめはゆっくりでも構わないので、体の使い方を覚えるところから始めるといいでしょう。

――最終的にはボールから目を切らなければ、守備範囲は広がらないものでしょうか。

飯塚　それは間違いありません。ひとつ気を付けてほしいというか、知っておいてほしいのは、「ボール（打球）に集中すると、走るスピードが落ちる」ということです。どうしても、ボールに合わせたスピードになってしまう。だからこそ、「50メートル全力疾走の中でボールを捕る」

目標物から目線を切る

1本のライン上を真っすぐ後ろに走る

という練習が必要になってきます。実際に50メートル走る必要はないですが、「全力で走る」をとにかく意識する。それができれば、必然的に守備範囲も広がっていきます。

――練習はノックの打球でいいですか？

飯塚　ノックでもいいですけど、数多く生きた打球を捕ることを考えたら、ロングティーがおすすめです。外野手同士でペアを組んでもいいでしょう。打つほうも、外野手のフライ練習を意識して、狙ったところに打てるようになれば、お互いにメリットのある練習になります。あと、ロングティーをやると、グラウンドにボールがいくつも転がった状態になりますが、監督をしているときは、あえてそのままにしていました。

――危なくないですか……？

飯塚　ボールを踏まないようにしながら捕ることが、最高の練習になります。「危ないからボールを拾っておけよ」ではなく、あの落ちているボールこそ「宝」です。踏んだ場合のケガのリスクもあるので、小さい子どもたちにはおすすめしづらいですが……。フライを捕るときは打球だけ見ているのではなく、アイコンタクトで周りとの連携に気を配ったり、ランナーの動きを見たり、いわゆる「マルチタスク」の能力が必要になります。地面にあるボールに気を付けながら、フライを捕れるようになれば、ボールから目を切る練習にもつながるはずです。

——その発想はありませんでした。

飯塚　フライ捕球の技術を上げるには、さまざまな感覚を磨くことが大事だと思います。正面のイージーフライをいくら練習しても、その感覚は上がりません。目とグラブの距離をあえて離したり、地面すれすれで捕ったり、わざとダイビングキャッチをしたり、練習の中でいろいろな捕り方を取り入れてみる。室内であれば、バドミントンのシャトルを使うのも面白いと思います。シャトルは滞空時間が長く、地面すれすれのところでも追いつける可能性がありますよね。球際の捕球感覚を磨くのにおすすめです。

ジェスチャーだけでフライを捕る練習が大事
外野手は「個人事業主」ではなく「株式会社」

——解説者として試合を観る中で、甲子園球場だからこその外野手の難しさを感じることはありますか。浜風が吹くのが特徴ですが、風への対応はいかがでしょうか。

飯塚　風に対する難しさはそこまで感じません。基本的にレフト方向に流れる浜風が吹いているので、それを頭に入れておけばいいわけですから。稀にライト方向に吹くときがあるので、そのときだけ「いつもとは違う風」を意識する必要があります。

――ある程度は「読みやすい風」ということですね。

飯塚　むしろ、スタンドから見た以上に難しさを感じるのは芝生ですね。甲子園球場は芝生が非常にきれいで、しっかりと立っている。「芝が強い」という表現が合っているかわかりませんが、強い芝の上をボールが転がると、真っすぐ転がってこないことが多い。打球がスネークして、右にも左にも小さく曲がりやすく、外野手はかなり難しいと思います。特に大会序盤は芝生が踏まれていない状態なので、気を遣うはずです。

――シートノックで確認しておくべきことですね。

飯塚　そうですが、ゴロが不規則の球場は、何本ノックを受けても対応の難しさは変わらないんですよね。「真っすぐ転がってくるだろう」と、決めつけないことが大事になります。

――頭に入れておくだけでも、プレーの丁寧さが変わりますね。

飯塚　余談ですが、シドニー五輪予選で使用した韓国の球場は外野がでこぼこしていて、足元が非常に不安定でした。ゴロの転がりが不規則なだけでなく、捻挫を心配するぐらいの状態です。外野手からトレーナーに提案して、足首にテーピングを巻いてもらいました。足首を固めることで、捻挫を少しでも防ぎたい。どれだけの効果があったかはわかりませんが、「お守り」として精神的な安心材料になったのは間違いありません。

――驚きのエピソードです。それだけ、外野手は球場のコンディションに気を遣うと。

飯塚　そういうことですね。あと、甲子園球場特有という点では、球場の歓声があります。ブラスバンドの応援も入ると、ベンチからの声はもちろん、外野手同士の声も通りにくい。それに、外野手として不安を感じるのが、バットでボールを捉えたときのインパクトの音が聞こえにくいことだと思います。現役時代を振り返ると、強く意識して聞いているわけではないですが、体で感覚的には聞いている状態でした。音の高さや大きさで、芯で捉えた打球か、詰まった打球かを本能的に判断している。昨春から新基準バットが導入され、メーカーによって打球音に違いがあるとも言われています。音に慣れるまでに、少し時間がかかるかもしれません。

――仲間同士の連携に関しては、どのように対応すればいいでしょうか。

飯塚　社会人時代に取り入れていたのが、外野手を5人ぐらい守らせて、その間にフライを打ち、声やジェスチャーで誰が捕るかを判断することです。こういう練習をすると、声や動きに気を配るようになり、結果的に周りとの連携がうまくいくようになります。

――さきほどのマルチタスクとつながりますね。

飯塚　声を出さずに、ジェスチャーだけでフライを捕る練習もおすすめです。たとえば、右中間のフライに対してセンターが落下地点に入ったときには、左手を大きくグルグル回して、ライトを制止する。練習の段階から、さまざまな準備をしておくといいでしょう。

――ベンチからの指示が通りにくい点に関しては、対処法はありますか。

飯塚　ジェスチャーで約束事を決めておくことです。たとえば、走者一、二塁の場面で、二塁走者をケアして前に守るのか、一塁走者をケアして長打警戒にするのか。ベンチと外野手の考えがずれると、ポジショニングにずれが生まれてしまいます。外野同士でも確認が必要で、私がセンターをやっているときは、ライトやレフトに「1」（一塁走者ケア）、「2」（二塁走者ケア）と指で合図を送って、意思疎通をしていました。

――外野手同士のコミュニケーションがカギですね。

飯塚　社会人の選手には、「個人事業主になるなよ。みんなで守れ。株式会社だろう！」といった声をかけていました。ひとりで孤立すると、連携が取れなくなってしまう。なので、ポジショニングを大きく変えるときには、「おれはこっちに行くから、空いたスペースを頼むな」と周りに伝えなければいけません。こうしたコミュニケーションが、外野の間、あるいは内外野の間に飛んだ難しいフライの好捕にもつながっていくのです。

新基準バットゆえの外野守備の面白さ
送球の判断力は三塁コーチャーで学ぶ

――新基準バットが導入されたことで、明らかに得点が入りにくくなっています。長打が減ったこともあり、外野手の守備位置が従来よりも前になったと感じますが、これからどんな変化が考えられるでしょうか。

飯塚　導入してすぐのセンバツでは、「外野手がめちゃくちゃ前に守っているな」と感じましたが、夏の甲子園ではそこまで前に守るチームは減った気がします。もともと、私が疑問に思っていたのは、大阪桐蔭や智辯和歌山のような強打がウリのチームと戦うときに、ほぼ無条件で外野フェンスに張り付くほど下がるチームが多いことでした。たしかに長打を防ぐことはできるかもしれませんが、内外野の間に落ちるポテンヒットで結果的に二塁打になることも多く……。外野手の見せ場というかプライドは、ピッチャーが打ち取ったポテンヒットになりそうなフライを捕り、なおかつ後ろの打球にも対応できることです。新基準バットになったことで今一度、外野手のポジショニングが見直され、「外野手の見せ場」を考える、いいきっかけになるのではないでしょうか。1点を巡る攻防も増えて、野球が面白くなると思います。バッターもいずれは新基準バットに対応してくるはずです。

――ランナー二塁で外野手が前に守ることで、二次リードからのスタートや、外野手の送球の精度がより重要になってきますね。

飯塚　ツーアウト二塁、センター前ヒットで、外野手が一本で投げてホームで勝負するのか、あるいは打者走者の二塁進塁をケアすることを優先するか。さらに言えば、カットマンはどのような入り方をするのか。イニングや点差、次のバッターの状況等によって、総合的に考える必要があります。たとえば、2024年夏の甲子園準決勝、関東一高のセンター・飛田優悟選手のバックホームが話題になりました。1点リードの9回裏ツーアウト一、二塁からのセンター前ヒットで、ホームにダイレクトでストライクを放った見事なプレーです。同点には絶対に追いつかれたくない場面なので、多少ギャンブルであっても突っ込んできて、ひとりで投げるのは当然の選択です。あれが、仮に最終回に3点リードしている場面であれば、あえてあそこまでチャージせずに、1点はあげてもいいので次の進塁を防ぐことを第一に考える……という選択肢もありうるわけです。当然、点差によって外野手の守備位置も変わってくるでしょう。

――ホームで刺せるかどうかの判断は、経験の中で覚えていくものでしょうか。

飯塚　それもありますが、練習の一環として、外野手に三塁コーチャーを任せてみるのもいいと思います。三塁コーチャーの視点を持てれば、「外野手が捕球したときに、二塁ランナーがこのあたりにいれば、ホームはクロスプレーになる」といった目安がわかってきます。ホームが悠々セーフのタイミングなのに、外野手が高い送球でバックホームをしたら、「何をやっているの？」となりますよね。外野手の肩やランナーの足によって個人差は出てきますが、まずは目安を知ることが大事になります。

――現役時代の飯塚さんは、どのあたりまでランナーの動きを見ていましたか。

飯塚　打球を見るのは当然ですが、チャージしながらも、周辺視野でランナーの動きを見るようにしていました。というか、見ないと判断ができませんから。

ノックでは「ゴー」の判断を探す注目すべきはカットマンの動き

――試合前にはシートノックがあります。飯塚さんは指導者としてノックを打っていた時代もあれば、今は解説者としてノックを見る立場になっています。外野手にフォーカスを当てた場合、どんな視点でチェックしていますか。

飯塚　常に三塁コーチャーに立ったことを仮定して、「この外野手の肩やコントロールなら、次塁を狙える」という視点を持っていました。「これだけ肩が強いとストップしなければいけない」ではなく、「肩が強くても、動きに隙があるので狙うチャンスがある」と、ゴーの判断材料を見つけていく感じです。

――どんな強豪でも隙はあると。

飯塚　そう思います。スタメンからわかることもあって、足の速い選手が「一番レフト」を守っていると、「足があるのにレフト？　肩が弱いのかな？」と予測をつけられ、特に左投左打の場合、送球が苦手なことが考えられます。また、どれほど肩が強くても、少し横に逸れた打球を捕ったときには、体勢を立て直す必要があります。そのときに重要なのは、運動能力の高さ。逆モーションでも強い球を放れるのか。打球に対する足さばきを見ておくと、そのあたりの対応力がわかってきます。

――「肩が強い」だけでは情報として不足しているわけですね。

飯塚　そうなります。また、必ずチェックしているのが、カットプレーの動きです。高校野球に多いのが、走者二塁からの外野前ヒットで、外野手が高い送球を投げて、打者走者の二塁進塁を許してしまうことです。そのあとさらにタイムリーを打たれて、複数点を失うケースをよく目にします。外野手が低い送球を投げるのも大事ですが、カギはカットマンの動きにあります。仮にセンター前やライト前でファーストがカットに入るとしたら、ファーストが構えたグラブの高さに送球を通せば、打者走者は二塁を狙いにくくなります。さらにファーストが首を振って、打者走者やランナーを目で見れば、目で進塁を抑止することができます。何となく高い送球を投げて、何となくカットに入っていては、この習慣は付いていきません。

――練習からやろうとする意識が必要と。

飯塚　カットプレーに対する意識が甘いチームは、守備のほかのことに関しても徹底できていない可能性があります。攻撃側としては狙い目です。一方で、カットプレーの意識が高いチームは、裏を返せば、走塁の意識が高いチームとも言える。ランナーがどういった視点で狙っているかわかっているので、それをさせないための守備力を鍛えているわけです。

――カットプレーを見れば、攻守両面のレベルがわかるわけですね。

飯塚　あと、チームの意識を確認するものとして、内野のダブルプレーをよく見るようにしています。5-4-3や6-4-3のダブルプレーのときに、サードやショートが、ファーストがボールを捕球するところまでしっかり見ているか。選手によっては、5-4や6-4が終わった時点で、「おれのプレーは終わった」とボールから目線を切る場合があります。言うまでもなく、まだプレーが終わっていませんよね。凝視する必要はないですが、自然な動きの中で、プレーの最後を見届けているか。すべては習慣なので、練習でやっていることが、試合の大事なところで出てしまうものです。

――「一事が万事」ですね。試合だけ頑張ろうと思っても、それは難しい。

飯塚　シートノックも、試合につながる練習でなければいけません。だから、試合でやらないようなことは、できるだけ避けたい。たとえば、3－1の投内連携でファーストが自分で入れる位置で打球を捕ったにもかかわらず、わざわざピッチャーのベースカバーを待つ場合があります。わかりやすく言えば、「儀式」になってしまっている。確実にアウトを取れるのはどちらか。当然、トスするよりも、ファーストが自分でベースを踏んだほうが確実です。決まり決まった儀式をやるのではなく、試合を想定した動きが必要になってきます。

――シートノックだけでも見るポイントがたくさんありますね。

飯塚　カットプレーについて補足すると、右中間、左中間を抜けた長打に対して、セカンド・ショートが入る二枚カットを採用することが当たり前になっています。たとえば、右中間の打球でバックサードを狙うときは、9(8)－4－6－5とラインを作るイメージです。このときに外野手目線で大事なのは、送球の狙い目をはっきりとさせておくこと。一般的には、1枚目にいるセカンドの頭を目安に投げますが、外野手の送球は手前にショートしやすいため、中途半端な送球になりがちです。私が意識していたのは、「1・5枚目に投げる」(セカンド・ショートの間)。

――セカンドの頭よりもさらに奥に投げるイメージでしょうか。

飯塚　はい、結果的に1・5枚目を狙うと、セカンドが後ろに引いて、その勢いを使って三塁に投げられるカットプレーになっていきます。頭の上にいきすぎた場合は、2枚目のカットのショートに任せれば問題ありません。

ノッカーはボールの回転に気を配る
バックスピンとトップスピンは大きな違い

――今度は、ノッカーの視点で気を付けていたことを教えてください。

飯塚　どれだけ実戦に近いノックを打てるかが、カギだと思います。たとえば、想像してみてほしいのですが、右バッターが三遊間に引っ張ったゴロを打ったとき、この打球はバックスピンがかかっているでしょうか、あるいはトップスピンがかかっているでしょうか。

――普通に考えれば、トップスピンですね。

飯塚　そうなります。左バッターの一、二塁間のゴロにも同じことが言えて、基本的に引っ張ったゴロにはトップスピンがかかりやすくなります。もっと言えば、そこにフック回転が加わることもあります。このことを頭に入れたうえで、ノックを打っているでしょうか。シートノックの最初の段階で、あえてバックスピンをかけて、リズムよく捕球させることもありますが、これは「見せノック」です。実戦につながる技術を磨くのであれば、トップスピンを多めに打つべきです。私は、小学生の野球教室でノックを打つ機会がありますが、バックスピンでは難なく捕っていた子どもたちでも、トップスピンの打球に変えると、途端に捕球ミスが増えていきます。トップスピンはバウンドが死なずに、強く速い打球になるのが特徴です。

――プルヒッターのトップスピンは、ファーストやサードにとっては怖さを感じることもあるでしょうね。

飯塚　2024年夏の甲子園で、トップスピンのピッチャーゴロを弾いて、ダブルプレーを取れるべき場面で取れなかった試合がありました。そこから失点を重ねて、結果的に逆転負け。打球の勢いにグラブが負けた感じでした。普段から、トップスピンの打球をどれだけ捕っていたか。もし、自分がノッカーであれば、相当悔いが残る場面になったと思います。

――左バッターが三遊間に流すような打球になると、また回転が変わってきますね。

飯塚　その場合はフック回転ではなく、スライス回転がかかっています。ショートから逃げていくような回転ですね。今、ＮＴＴ東日本でコーチをしている梶岡千晃は、右でも左でもノックを打ち、回転を打ち分けています。さすがに両打ちまで求めるのは難しいでしょうが、それだけ回転が重要ということです。

――飯塚さんは実際にどのように打ち分けていますか。

飯塚　トップスピンは手首を返してボールの上を強くこすり（写真Ｐ２０１上）、バックスピンはボールの下に回転をかけるように打ちます。スライスはバットのヘッドを遅らせるイメージで、ボールを切るように打つ（写真Ｐ２０１下）。難しいのがフックで、ボールの外面の上側にバットを入れる意識です。

――バッターと同じ角度になるように、打席の中からノックを打つことにこだわる指導者もいますが、そのあたりはいかがでしょうか。

飯塚　打席内で打ったほうがいいと思います。野手にとってみれば、試合と同じ視界から打球が飛んでくることになりますからね。

――「外野ノック」という観点でのポイントはどうでしょうか。

飯塚　確認事項を押さえておくことです。風の向き、ナイターになる前の薄暮の時間でのフライの見え方、芝の跳ね方、クッションボールの跳ね方……、一通りやっておいたほうがいいで

トップスピンのかけ方

スライスのかけ方

しょう。高校生に特に意識してほしいのが、芝の跳ね方です。同じ人工芝でも、球場によって跳ね方が違います。社会人時代に必ず入れていたのが、外野の前に高いフライを打って、あえてワンバウンドさせた打球に対して、後ろからジャンプしながら捕る練習です。どれぐらいの距離感を持っておけば、ワンバウンドで頭を越されないか。あとは、ライト線、レフト線のライナーを追ったときに、想像していた通りにワンバウンドがくるのか、芝にボールが食いついて跳ね方が変わるのか、このあたりも大事な確認事項です。跳ね方が弱いと、外野手がボールよりも先に行きすぎてしまうことがあり得ます。甲子園出場校のシートノックを見ていても、取り入れている学校はあまりない気がします。同点の終盤に、この打球が初めて飛んできたら、外野は不安になりますよ。

――事前のシートノックでの準備が勝敗に関わってくると。

飯塚　あとは、ウォーミングアップやキャッチボールのときなどに、ウォーニングゾーンからフェンスまで何歩で行けるのかも確認しておくべきです。1・2・3でフェンスなのか、1・2・3・4でフェンスなのか。それがわかっていれば、フェンス際の打球にも思い切ったプレーができるはずです。

――ノックの締めはキャッチャーフライが多いですが、一発で決めるのは大事でしょうか。

飯塚　甲子園の観客の前で、一発でキャッチャーフライを打てるぐらいの自信と技術を持ったノッカーであってほしいとは思います。自分のノックで鍛え上げた責任感を持って、公式戦に臨んでほしいですね。

二遊間経験者はセンターがおすすめ
送球の精度を高めるカギは軸足

——レフト、センター、ライトの適性はどのように考えていますか。打力のレフト、守備範囲のセンター、肩のライト……というイメージがありますが。

飯塚　私は、センターが一番簡単だと思います。キャッチャーの構えやバットの軌道が一番見やすく、クセの強い打球も少ない。カテゴリーが上がっていくと、内野から外野に移る選手が増えますが、二遊間を経験した選手はセンターのほうが守りやすいのではないでしょうか。同じような視界でバッターを見られるため、そんなに違和感はないと思います。「外野の経験が浅いからレフト」となりがちですが、右の強打者が引っ張った打球は強烈なラインドライブがかかっていたり、左の流した打球はライン際に切れていったり、クセ球が多い。レフトの守備を舐めてはいけません。

――とても興味深い考えですね。

飯塚　二遊間を経験していれば、センターに回っても、周りに指示を出すこともできるはずです。センターこそ、内野で培ったリーダー性を発揮しやすいポジションだと思います。

――肩に関してはいかがですか。

飯塚　センターからバックホームで刺すのは、よほどの強肩でなければ難しいと言えます。そう考えると、バックサードも重要なライトに肩が強い選手を置いたほうが、プラスの面が大きいかもしれません。

――なるほど、納得です。肩につながる話ですが、バックサードやバックホーム時の足の使い方にセオリーはあるものでしょうか。グラブ側と同じ足を出す選手もいれば、グラブ側と逆足を出す選手もいます。

飯塚　無理に、ひとつにこだわる必要はないと思います。打球や状況に合わせて、臨機応変に対応できるのがいいでしょう。私は左投げですが、右手（グラブ）と左足を前に出して捕球し、次のステップで体勢を立て直してから、強い球を放るようにしていました。右手（グラブ）と右足を出すと、次の左足の踏み込みを軸にして投げられるため、一歩ステップを省くことができます。ただその分、体勢を立て直すことができず、悪送球につながる恐れもあると思います。

どちらにしても、大事なことはどれだけ早くチャージできるか。さきほど、フライを捕るときに「50メートル走の意識で」と紹介しましたが、ゴロのチャージにも同じことが言えます。全力で打球に走っていき、最後の数歩のところで小さいステップに切り替えていくのがポイントです。

――肩が強くても、送球がぶれてしまうとアウトにはできませんが、送球の精度を高めるにはどうしたらいいでしょうか。

飯塚　キャッチボールで、送球が大きくぶれる選手は少ないと思います。そう考えると、キャッチボールと同じような体勢から送球できれば、そこまで乱れることはないはずです。

――コントロールの乱れの原因は焦りでしょうか。

飯塚　「急いで投げたい」と思うことによって、軸足に体重を乗せ切ることができず、中途半端な体勢で投げて、頭が前に突っ込んでいることが考えられます。その気持ちはわかるのですが、大事なのは軸足にしっかりと体重を乗せて、ピッチャーの投球のように胸を張って投げること。技術的な面を補足すると、捕球時に前足をかかとから踏み出したほうが、軸足側に頭が残りやすくなると思います。つまさきから入ると、どうしても頭が突っ込みがちです。

サヨナラ負けを防ぐスペシャルシフト 20秒間に外野手を内野に持っていく

――２０２４年夏の甲子園で早稲田実が、秋の明治神宮大会では横浜高校が「５人内野」を敷いて話題になりました。タイブレークの導入によって、今後も取り入れるチームが増えると思いますが、飯塚さんはどのように見ていますか。

飯塚　大いにありですね。特にサヨナラ負けの場面であれば、守備側はリスクを背負ってでも、攻めていくべきです。私も監督をしていたときに、５人内野の練習をしていました。同点で迎えた9回裏、ツーアウト一、二塁でフルカウント。ランナーは自動的にスタートを切るので、内野を抜けていくと、サヨナラ負けの確率が高まる場面です。ここで、キャッチボールがもっともうまい外野手を内野に持っていき、５人で守るシフトを敷きました。

――どこに守らせるのですか。

飯塚　それはバッターとピッチャーの特徴によります。右バッターに対して、アウトコースにきっちりと投げられるピッチャーであれば、二遊間や一、二塁間に置くことになります。当然、残った２人の外野手も打球傾向を読みながら、ポジショニングを変えていきます。

――そのとき、内野に入る外野手は内野用のグラブに替えていましたか。

飯塚　いえ、そのままです。私が大事にしていたのは、ピッチクロックの20秒の間に、外野手がダッシュで内野に走っていき、シフトを完結させることです。

――タイムを取って、交代を告げるわけではないんですね。

飯塚　交代は告げません。試合の流れの中で、そのままやります。

――それは驚きです。その狙いはどこにありますか。

飯塚　ピッチャーのリズムを崩したくないからです。私もピッチャー経験がありますが、変なタイミングでタイムがかかると、ピッチャーのリズムが崩れてしまうことがあります。

――深い話ですね。フルカウントでフォアボールをもぎ取るために、あえて攻撃のタイムを使う監督もいますね。

飯塚　そういうことです。なので、守り側がわざわざフルカウントからタイムを取りたくないんです。実際に公式戦で決めた経験はないですが、「野球ってこういう考えもあるよ。考え方ひとつでもっと面白くなるよね」ということを教えたかったんです。

――これから、今まで見たことがないような「5人内野」が出てくるかもしれませんね。

飯塚　繰り返しになりますが、新基準バットによって、1点の攻防がより激しくなるのは間違いないと思います。

――最後に、高校生の外野手に向けて、アドバイスをもらえると嬉しいです。

飯塚　試合に入ってほしいですね。頭の中で実況や解説をしながら守れれば、面白いと思います。本当に「外野は外野」で、グラウンドにいるのに「ウォッチャー」になりやすいんです。たとえば、練習の中でも内野が守備ドリルをしている間に、「外野はティーをやっておいて」と言われるようなことが多く、「ワンチーム」の意識を持ちにくいように思います。

――「外野は外野」にならずに、試合にどれだけ集中できるか。

飯塚　「参加しよう。参加した方が面白いだろう！」と言いたいですね。バックアップを例に出せば、挟殺プレーのときにウォッチャーになってしまう外野手は結構います。どれだけプレーの場に近付いて、仲間のミスをカバーできるか。当たり前ですが、試合で使うボールは1球です。その1球に対して、内野手も外野手も全員が反応して、しっかりと動けるチームは「負けにくい」と言えます。レフトにファウルフライが飛んだとしても、もっとも遠い位置にいるライトが反応しているかどうか。甲子園の解説席にいると、全体の動きが本当によく見えます。

――報徳学園のように、飯塚さんを唸らせるようなチームがたくさん出てきてほしいですね。今後も、甲子園の解説を楽しみにしています。

NTT 東日本　飯塚智広 元監督

横浜清陵　内野手・外野手

野原慎太郎監督

「型作り＝神経作り」「自治」の礎に『虎の巻』あり

今春センバツで「21世紀枠」に選ばれ、初の甲子園出場を果たした県立横浜清陵。接戦に強く、強豪私立と対等に戦えるチームを作り上げているのが、2020年の新チームから指揮を執る東海大相模OBの野原慎太郎監督である。その土台となっているのが守備だ。「神経を作ることで、守備の動きは後天的に磨ける」と考え、さまざまなメニューに取り組んでいる。

PROFILE　のはらしんたろう　1982年8月25日生まれ、大阪府出身。東海大相模高～横浜国大。現役時代はサイドスローの投手としてプレーし、2000年センバツで優勝。横浜国大で家庭科の教員免許を取得。岸根高、大師高で監督を務めたのち、2020年夏から横浜清陵高の監督に就任。昨春は県大会でベスト8に入り、夏の第二シードを獲得。同年秋もベスト8進出。

野原慎太郎の「守備メソッド」とは？

一

「型作り＝神経作り」試合で起こるプレーのすべては基本

正面のゴロ捕球でも逆シングルでの捕球でも、三塁ベース際のアンラッキーな打球も、試合で起こるすべてのプレーは基本であり、それぞれに必要な「型」がある。「型」の引き出しを増やすことで、あらゆるプレーに対応できるようになる。

二

「神経作り」の基本はボールを使わないシャドウトレーニング

「型作り＝神経作り」をするためには、まずはシャドウで動きそのものを体に覚えさせる。いきなりボールを使ってしまうと、ボールの動きに集中してしまい、神経を磨くことはむずかしい。

三 神経作りも実戦練習も同時進行

「この動きができるようになってから、実戦練習をやろう」と、段階を踏んでいては高校野球の夏には間に合わない。「型作り＝神経作り」と「実戦」での動きを1年間通して同時進行で取り組むことで、守備力の向上につなげる。

四 選手が「自治」をテーマに1週間のメニューを組む

各メニューの意図や注意点が細かく書かれた「虎の巻」を選手たちに渡し、選手主体でメニューを組む。自分たちでメニューを組み立てていくことで、選手と指導者が同じ考えを持てるようになっていく。

五 「自治」の中でも、指導者としての考え方、選手に求めることはしっかりと伝える

選手たち主体でメニューを組んだうえで、「そうではない」「ここまでは求めているよ」という指導者の姿はしっかりと見せる。選手たちがそれを受けてさらに試行錯誤を繰り返すことで、監督の思考に追いつき、追い越すことができる。

随所に見える野原監督の守備へのこだわり
フェンス際に置いたボールを使ったカットプレー

２０２４年秋の神奈川大会で、２０２１年夏、２０２４年春に次ぐベスト8入りを果たした横浜清陵。

準々決勝では、野原監督の母校でもある東海大相模に0対5で敗れたが、ターニングポイントになったプレーがあった。0対0で迎えた3回裏、二死満塁のピンチで三塁ライン際に飛んだ緩い打球が三塁ベースに当たり、打球の方向が大きく変わる間に二者が生還。完全に打ち取った当たりだっただけに、横浜清陵側としては「アンラッキー」だった。

試合後の取材で、記者から「不運な当たりでしたが……」という言葉を振られると、野原監督は「いえ、あれは準備してこなかった私の責任です」と口にした。

最初はどういう意味かわからなかった。明らかに不運な当たりで、さすがにあの打球をアウトにするのは難しいのではないか。後日、改めて言葉の真意を確認すると、こう口にした。

「ベース際の打球処理は、これまでは必ず練習に入れていました。でも、今の新チームはまだ一度もやっていなかった。だから、準備不足。準備させていなかった監督の責任です」

野原監督からは、「いつもはこういう練習をしているんです」という動画が送られてきた。それは、三塁ベース付近にミニマーカーをいくつも並べて、そこに緩いノックを打つもの（236ページ参照）。ミニマーカーに当たって打球の方向が変わることもあれば、当たらずにそのまま打球がくることもある。「理不尽な打球」への対応力を磨く。

本書のラインナップを考えていたとき、野原監督とのやりとりが頭に浮かんだ。ここまで守備を追求している指導者であれば、必ず面白い取り組みをしているはず。まだ、関東東京の21世紀枠候補校に選ばれる前の時期で、まさかセンバツに出場するとは思わなかったが……。

東海大相模戦を見ていただけでも、野原監督のこだわりは随所に見えた。

たとえば、シートノック。カットプレーのとき、外野手は自らボールをフェンス際まで持っていき、グラウンドに置く。その置いたボールを手で拾い上げて、内野手に返す。「外野奥の打球に対して、60メートルの距離まではひとりで投げる」という約束事があり、その距離感を確認しているという。球場の広さが違えば、フェンスから内野手までの見え方も変わってくる。

「ノックを打てばいいのでは？」と一瞬思ったが、「それでは効率が悪いんです。カットマンとの距離感を確認することだけが目的なので、ノックを打つ必要はありません」と野原監督。

激戦区・神奈川で勝つために、どのような指導で守備力を高めているのか。守備指導の考え方を紹介したのち、具体的な練習ドリルの解説に入っていきたい。

型作りの中で動ける神経を作っていく「自治運営」のベースとなる『虎の巻』

――守備指導においてもっとも大事にしているのはどんなことですか。

野原 技術面で言えば、「型作り」です。正面のゴロ捕球は基本で、逆シングルは応用という考えがありますが、試合で起こりうるプレーのすべては基本であり、そのための「型」がある。バッティングで言えば、インコースを打つための「型」があれば、アウトコースを打つための「型」もある。その引き出しをどれだけ増やしていけるか。

――三塁ベース際の打球を捕るのも「型」。

野原 そういう考えです。そういう練習を毎日やる必要はないので、どこかのタイミングで1回でも入れておくだけで、選手の意識が変わります。

――甲子園常連校と比べると、入部してくる選手の能力に差があると正直感じますが、2年半でどのように埋めようと考えていますか。

野原 「型作り＝神経作り」です。型を作ることは、今まで使っていなかった神経を作ることにつながっている。できないのではなくて、やっていなかっただけ。だから、後天的に磨くことができると思っています。メニューに関しては、状況を想定した「細分化練習」が多く、年間通して取り組んでいます。たとえば、ジャンピングスローやランニングスローも、それだけに特化した練習をやる。捕ったあとの足の使い方まで練習するので、たとえボールを捕れなかったとしても、投げにいくところまで体を持っていく。捕ることから投げるところまでを、一連の「型作り」「神経作り」と捉えています。自分の「型」がないと、毎回イチかバチかのプレーになってしまいます。

――「神経作り」はノックの打球でやるのですか。

野原　最初は、シャドウでやります。神経を作るには、まずはそこから。ボールを使うとどうしてもボールの動きに集中して、神経を磨くことができません。この考えは、若い頃からとてもお世話になっている蔦宗浩二先生（武相中バレーボール部監督／釜利谷高、順天堂大の監督として日本一を成し遂げたバレーボール界の名将）の教えが土台にあります。蔦宗先生曰く、「ボールを入れると、上達のスピードが100倍遅くなる」。シャドウで動きを身につけたあとは、同じような場所に規則的にボールを打ち続けて、反復練習で神経を作っていく。そのため、ピッチングマシンをかなり重宝していて、ノックよりも効率がよく再現性の高い練習ができます。

――具体的にはどんなメニューがありますか。

野原　カットプレーの練習でも、マシンを外野からの送球に見立ててやります。特に使うのが、外野フライです。うちの外野手は代々、３年生の夏には球際に強くなっている選手が多いですが、日頃から球際を捕る練習をしているからだと思っています。たとえば、ダイビングキャッチは根性や気合いではなく技術。ほかには、右バッターのライト線、左バッターのレフト線に切れていく打球を再現するためにマシンの角度を変えて、打球が跳ねる方向に「先回り」する練習もあります。

――ノックで打つのはなかなか難しい打球ですね。

野原　20回に1回、うまく打てるかどうかです。本当に、マシンのおかげです。マシン以外にも、外野守備の神経を作るドリルは豊富にあります。

――実戦での守備力はどのように鍛えていますか。

野原　神経を作るドリルも、実戦での守備も、1年通して同時並行でやっています。「この動きができるようになってから、実戦練習をやろう」と考えていたら、夏には間に合いません。

――納得の考えです。練習メニューはどのように組んでいますか。

野原　昨年あたりから、選手主体の「自治」をテーマに部活動運営を進めるようになりました。そのため、練習もキャプテンや副キャプテンの幹部が中心になって、１週間のメニューを考えています。指導者としては、「自治」に重きを置いてから、『虎の巻』を渡すようになりました。各メニューの意図や注意点が細かく書いてあるマニュアルで、今まで選手に渡すことはなかったんですけど、自分たちでメニューを組み立てていくには、選手も指導者と同じ考えを持つ必要がある。連携プレーの動きや、メニューの種類などすべてがそこに書いてあるので、できていない選手がいれば、「ちゃんとマニュアルを読みなさい」と言うこともあります。

指揮官の守備へのこだわりを踏まえたうえで、練習方法の紹介に入りたい。まずは、「メニューが豊富」という外野守備から。他校ではあまり目にしないメニューがいくつもある。写真だけではわかりにくいところは、ぜひ動画でも確認してほしい。

反応速度を磨く 動

外野手

【スタート〜背走】

①反応
→カギは頭の位置にあり

反応速度を磨くドリル。5メートルほど前に立った選手（指導者）が、指先で進む方向を示し、逆を突かれないように瞬時にスタートする。グラウンドに引いた×印を目安に、前後・左右／斜め前・斜め後ろ方向に走る（写真P220）。

指示役は、投球からバッターのインパクトまでの時間をイメージして、「ピッ（トップ）・ピッ（スイング）・ピッ（インパクト）」と笛を3回鳴らす。野手は3回目の笛に合わせて、全方向にスタートが切りやすい体勢を見つける。

練習中、野原監督が指摘していたのがスタート時の頭の位置だ。前傾が深く、頭が前に入り込んでいる選手は、前方向には素早く動けるが、後方のスタートはどうしても遅れる。重たい頭をどこに置くかが、重要になる。野原監督は、選手にこんな伝え方をしていた。

「内野手のように低く構える必要はないから、頭から地面まで棒が刺さっているようなイメージを持ってみる。あとは、早く動こうとするから逆を突かれるんじゃないのか？　ボールがくるまで時間があるんだから、一度見極めてからでも遅くはない」

あえて、早く動こうとしないこと。「急がば回れ」ではないが、一瞬の我慢が結果的にいいスタートにつながる。

スタートのコツは、「進む方向の足を外しながら、頭と体軸を思い切り傾ける」。右に進みたいときは、つっかえ棒を外すイメージで右足を外す。横浜清陵では、盗塁のスタート練習でも実践していることだという。

②切り返しタイム走
→細分化練習で神経を作る

後方の飛球に対する守備範囲を広げる。20メートルのライン上を全力で走り、笛の合図で体を切り返す。笛は20メートルの間に2回鳴る。最初は目標物から目を離さずに背走し、この動きに慣れたあとは、目標物から目を切りながら、走り抜ける。

ポイントは、進行方向に頭と体軸を傾けて、へっぴり腰にならずに走ること。体を切り返すときは、進行方向とは逆側の足で地面を強く蹴って、加速させる。

必ずタイムを計る。0．1秒で約1メートル進む計算で、0．1秒を縮めることにどれだけこだわれるか。取材日は、選手のタイムが遅く、野原監督からストップがかかった。

「背走＋切り返し」は、いくつかの動きが複合的に絡み合って生まれる動きだという。そのひとつひとつを紐解き、神経を作っていく。具体的には、「打球を背にしたダッシュ（胸は進行方向に）」「サイドステップ」「バック走」「360度回転」の4つの動きのスピードを磨く。

まず、取り組んだのが「打球を背にしたダッシュ」。20メートルの3分の1の距離までは全力で走ったあと、顔を打球方向（目標物）に向けて、同じスピード感で走り抜ける。失速したり、ライン上から外れたりする選手は、ここから改善が必要となる。

「首から下の動きだけを見たときに、進行方向に真っすぐ走れているかがポイントです（写真P223上）。胸を走りたい方向に向ける。首を左後方に向けるときは、逆側の右手の振りが重要になってきます」

首から下は進行方向に向ける 動

サイドステップ

スリッパでボールに当てる

動

次にサイドステップ。進行方向に手を使って、遠くに跳ぶ（写真P223下）。

3つ目がバック走。後ろに倒れそうな怖さと戦いながら、体軸を進行方向に倒す。頭の重さに引っ張られることで、後ろに速く走ることができる。

最後が回転。胸を進行方向に向けた状態でダッシュし、その途中に360度回転（右回り・左回り）を入れる。ダッシュの勢いを止めずに回転するには、足で地面をしっかりと蹴って、力を伝えなければいけない。体を回転させるときに、体軸を進行方向に傾けることが、失速せずに走り抜くポイントになる。

これらの細分化練習に取り組んだあと、改めてタイムを計ると、一気に0.3秒縮まった選手がいた。神経を作っていくことで、できることが確実に増えていく。

【ゴロ／バウンド捕球】

①ハンドリング（スリッパ／グラブ）
→手のひらをボールに向ける

2人一組で5メートル程度離れて向かい合い、投げ手はショートバウンド・ハーフバウンドを投げ入れる。捕り手は後ろ足をイスの上に置き、捕球姿勢を作り、グラブを持つ側の手にスリッパをはめる。ショートバウンドは前、ハーフバウンドは後ろの奥行きをうまく使いながら、スリッパにボールを当てて、下に落とす（写真P224）。スリッパを地面に着けたまま待ち、手のひらをボールにしっかりと向けるのがポイント。

最初は、外野手用グラブで難なくさばいていたが、野原監督から「まだ技術が足りないんだから、スリッパでやるように」と指示が飛んだ。スリッパに持ち替えた途端、ボールを後ろに逸らしたり、横に大きく弾いたりする選手が続出。捕球面が小さいスリッパでは、ごまかすことができない。外野手用グラブでは、どうしてもウェブに頼ってしまいがち。練習ではスリッパを使い、手のひらの中心で捕る（当てる）ことにこだわりを持つ。特に、少年野球から外野しか守った経験がない選手は、大きいグラブで捕ることがクセづいている。

捕球地点の3歩前でグラブを下に

ハンドリングで神経を作ったあとは、ノックでもスリッパをはめて、ショートバウンド・ハーフバウンドを下に落とす。前の打球だけではなく、左右の打球も練習する。右利きの場合、右側の打球は逆シングルのほうが捕りやすいこともあるが、それは最終手段。投げることまで考えたら、足を使って打球に先回りし、フォアハンドで捕球したほうが強い送球につながる。

②全速力チャージ
↓捕球地点の3歩前にグラブの面を向ける

ノッカーと捕り手の距離を50メートルほど空け、捕り手はノッカーに向かって全力でダッシュ。走り出したのを確認してから、強いゴロを打つ。チャージした勢いを緩めずに、捕球する技術を磨く。イメージするのは、走者二塁から外野前のゴロヒットで、ホームで勝負をかける場面だ。

ダイビングキャッチ

選手の動きを見ていると、グラブを出すのが早いことに気付いた。

「早めに、グラブの面を向けるようにしています。全力で打球にチャージし、捕球地点の3歩前には小刻みなステップに変えて、このときにグラブを下に出し、捕球面を向けておく。スリッパでのハンドリングがここにつながってきます」（写真P226）

打球をうまくさばけない外野手は、自主練習等でハンドリング練習に取り組み、改めて神経作りに時間を割く。

【フライ捕球】

①ダイビングキャッチ
→気合いではなく技術

ピッチングマシンを前方フライやライナーにセッティングし、ダイビングキャッチの神経を作る。お腹に土が入り込むストレスをなくすとともに、ベルトが切れることを防止するために、ユニホームのシャツを外に出し、ベルトを外す。同じような場所に打球が落ちる設定にすることで、右から走り込んだり、左から走り込んだり、スタートポジションを変えるだけで、さまざまな打球方向の練習ができる（写真P227）。

「約束事は、『飛んだら捕れ！』『捕れないなら飛ぶな！』です」

日頃、ダイビングキャッチの練習をどれだけやっているか。ノックや紅白戦等で、ダイビングを試みる打球が飛ぶ確率はどのぐらいか。そう考えると、ピッチングマシンを使うほうがはるかに効率はいい。

全力で走って、打球に追いつけそうなときは、あえてスピードを緩めて、意図的にダイビングキャッチを試みるのもひとつのセンス。打球のスピードと、捕球地点までの距離を見極めてこそできる高度なプレーとなる。野原監督の持論は「簡単に追いつける打球は、どれだけ捕ったとしても上達につながらない」だ。

②スライスマシン

↓先回りで待ち伏せする

ファウルライン際の切れる打球への対応。ピッチングマシンを横に傾けることで、切れる打球を再現できる。右打者のライト線、左打者のレフト線をイメージし、ワンバウンド後の跳ね方を想定したうえで準備を整える。回転が強い打球ほど、ファウルゾーンのほうに跳ねていく。「一番切れる打球を想定して、先回りしておくのがポイントです。『切れなかったらラッキー』という感覚で待っておく。ノーバウンドで捕れない打球は、前に詰めずに、ツーバウンドで捕る意識で構いません」

前に詰めすぎると、ワンバウンドで頭を越されるリスクが出る。言うまでもないことだが、外野手の後ろに野手は誰もいない。

【スローイング】

①ストレート送球
↓体軸を左側に傾ける

40メートル、60メートルのライン上をシュートさせずに、真っすぐ投げる送球練習。40メートルの場合は、2枚のネットで挟み込むようにして、直線上にボールを通す空間を2カ所作る。60メートルのときも、同様に空間を2カ所作り、ワンバウンドで放る。2枚のネットの距離は

外野手用の投げ方（オーバースロー）

40メートルが1メートル程度、60メートルが2メートル程度とする。

外野手の送球でもっとも避けたいのが左右の横ぶれだ。その原因のひとつが強いシュート回転となる。シュート回転を極力なくすことで、横ぶれをなくし、走者をアウトにできるコントロールを身につけていく。

とはいえ、「送球はシュート回転するのが当たり前」ではないのだろうか。その疑問を野原監督にぶつけてみると、「外野手用の投げ方を覚えれば、真っすぐ放れます」と言葉が返ってきた。では、外野手用の投げ方とは？

「体軸を傾けて、オーバースローで腕を真っすぐ振ること」（写真P230）

シュート回転が直らない選手に、頭を左側（右利き）に極端に倒すように教えていた。今までの動きを変えるには、自分が思っているよりも極端なことをやらなければいけない。

胸だけは、絶対に送球方向に向ける　動

助走している段階で、頭を左側に傾けるのもひとつのコツだという。そして、グラブを持ったほうの手を高く上げないこと。上げることで邪魔な壁が生まれ、体軸を傾けにくくなる。

②球際送球
↓送球方向に胸を向ける

左中間や右中間、またはライン際の打球にギリギリで追いつき、内野手に素早く返球する状況を想定。体勢を立て直すよりも前に、ボールを投げる。最初は手にボールを持った状態で、左斜め、右斜め、左、右などあらゆる方向から走り、30メートル先の集球ネットに投げ込む。投げ終わったあ

とは、体勢が崩れて転んでも構わない。むしろ、そのぐらい勢いを止めずに投げることが重要となる。

取材中、どうしても手だけでコントロールしようする選手が多く、なかなか強い球を投げられないでいた。そこで、野原監督からのアドバイス。

「胸だけは、絶対に送球方向に向けること。そうすれば、胸の方向に腕が振れるようになる。あとは、自分が内野手になったイメージで、テイクバックは小さく耳元へ。コンパクトに素早く投げること」（写真P231）

このアドバイスを受けたあと、見事なストライク送球を放った選手がいた。

「こういう練習もやっておかないと、試合で急にはできません。体勢が悪いときに、どのようにボールを投げるか。これこそ、型作りだと思います。特に外野しか経験がない選手は、こうした動きが苦手。内野手経験者のほうが器用にこなせます」

手にボールを持ったあとは、次のステップとして、グラブの中にボールを入れて、捕球動作をイメージしてから投げる。ひとつずつ要素を加えて、実戦に近付けていく。

内野手

【タッチプレー】

①マシンタッチ
→真上で捕球して真下に押し付ける

内野手の練習でも、ピッチングマシンを活用する。ベースの位置を動かしたり、自分の立ち位置を変えたりすることによって、さまざまな状況をイメージした練習が可能となる。

まずは、構えたところで捕球できるストライク送球。最短距離でタッチするためには、タッチするポイントの真上で捕球し、真下に押し付ける。捕球ポイントの少し上から、タッチにいく流れの途中で捕球できるのがベスト。タッチ後はすぐにグラブを上げずに、1秒静止させる(写真P234上)。

なお、アウトを取れるタイミングのときは、ベースの前にグラブを置き、スライディングの場所で待ち構えておく。タッチにいくと、かわされることもある。

試合になれば、ストライク送球のほうが稀。仮に送球が横に逸れた場合は、体を持っていか

真上で捕球し、真下に押し付ける　動

キャッチャー送球がずれたときの対応　動

ずに、手だけで素早くタッチにいく。

動きながら捕るパターンも練習に入れる。二盗に対して、ショートが二塁ベースカバーに入るも、キャッチャーからの送球がセカンド側に逸れるような場面だ。ランナーの走路を想定しながら前に出て、架空のランナーにタッチをする（写真P234下）。ピッチングマシンを活用すれば、試合で起こりうるプレーを容易に再現できる。


【捕球】

①マシンダイビング
→ボールの下半分を見る意識をつける

「ダイビングキャッチは技術」という考えの通り、内野手もダイビングで捕る練習をする。

まず行うのが、一歩の踏み切りで150センチ以上跳ぶこと（ラインから足までの距離）。右方向にも左方向にも150センチ以上跳べるようになった選手から、ピッチングマシンを使った練習に移ることができる。

捕り手と30メートルほど離れたところにピッチングマシンを2台セット（写真P236）。捕り手は顔を下に向けて構え、ピッという笛の合図とともに顔を上げて、左右どちらか一台から

ピッチングマシンを2台用意

発射されるボール（ライナー、ゴロ）をダイビングで捕球する（写真P237）。ボールを捕ったあとは、ランナーがいることをイメージして、すぐに立ち上がり送球の体勢まで作る。野原監督曰く、「そこまでの一連の流れが神経作り」。

捕球のポイントは、顔の位置を下げて、ボールの下半分を見ながら跳ぶこと。上から下の動きになると、速い打球には対応できなくなる。

なぜか、選手から見て右方向に跳んだときのほうが、反応が早い選手が多かった。野原監督にその話を振ると、「盗塁のスタート方向かもしれませんね」。たしかに、一歩目を早く切ることは、帰塁よりもスタートのほうが重要視されやすい。帰塁にこだわることが、左方向のダイビングキャッチにも生きてくるかもしれない。

マシンを使ったダイビングキャッチ 動

ベース際の打球処理

動

②ベース際対応
→あらゆる打球を想定する

冒頭で紹介したベース際（ライン際）の打球処理。あえてバウンドが変わりやすいように、ベースを３つ置き、さらにミニマーカーを複数並べる。捕り手はケガ防止のために、キャッチャーマスクを装着。ノッカーはライン際にボールを打つ。

セオリーは、ベースや走路の前で捕ること。ただ、最初の守備位置が深い場合は、前に出ることが難しい。無理に前に出ようとすると、跳ねたときに対応ができないため、できる限り後ろで待ち、打球に反応する（写真Ｐ２３８）。取材日には、右手を頭の上に置いて、大きく跳ねたときに素手に当てて落とす練習をしていた（実験段階）。実際に試合でやるかはまだわからないが、あらゆることを想定して、準備をしている。

ボールを体で止める　動

③ボディストップ
↓「体＝グラブ」の意識で打球を前に落とす

強く速い打球への対応。グラブではなく、あえて体で止める練習。サヨナラ負けのピンチで三塁線を絶対に抜かれてはいけない場面など、状況に応じて使う技術となる。

ケガ予防のために、防球ネットの後ろに入り、ノックを受ける。体で止める形を作り、落ちたボールを利き手で拾うところまでが一連の神経作り。キャッチャーのブロッキングのように、股の間をグラブでふさぎ、体の下を抜かれないようにする（写真P239）。選手からは、「体がグラブ！」という声が飛んでいた。

ネットの後ろで形を作ったあとは、キャッチャーのプロテクター、マスク、さらに利き手に軍手をはめて、完全防御の体勢でノックを受ける。怖がらずに、ボールを見ることが最大のポイントとなる。

④ピッチャー返し

↓グラブだけで対応する

ピッチャー返しに対する反応練習。こちらもケガを防止するために、マウンドの前に防球ネットを立てる。ノッカーは、ピッチャーがもっとも捕りにくい足元を狙って、強いライナーやゴロを打つ。ピッチャーは実戦をイメージして、シャドウでしっかりと腕を振り、グラブだけで反応する（足を動かしている時間的な余裕はない）。

⑤落ち際

↓投げるための捕球動作を養う

ここからの3つのメニューは、野原監督と同じ横浜国大硬式野球部のOBであり、15歳後輩の福田耕平監督（厚木西）とともに編み出した基礎ドリル。冬に合同練習を行う関係性で、「福田先生の教えを受けてから、ハンドリングが劇的にうまくなっています」と内野守備指導に絶大な信頼を寄せる。

「内野指導で大切にしているのは、イレギュラーのリスクが少ないところで捕りにいくことです。落ち際、ショートバウンド、ハーフバウンドのいずれかを狙う練習を取り入れています」

（福田監督）

ペアを組み、5メートルほどの距離で行う。まずは、イージーなゴロを落ち際で捕球するときの基本姿勢。左足のつまさきを上げて構え、つまさきを下ろす動きを生かしながら、「投げるための捕球動作」を身につける。捕る位置は体の真ん中。グラブは、前（打球方向）から後ろ（体の近く）に引っ張るイメージで使う（写真P242）。

⑥ショートバウンド
→股関節を使って、グラブの面を長く見せる

続いては、ショートバウンド（フォアハンド・逆シングル）への対応。

ボールの軌道に対して、グラブの面を長く見せることで、捕球できる確率が高まる。そのために、「股関節を使って、地面からグラブが早く離れることを防ぐ」が技術的なポイントとなる（写真P243）。

NG動作が、手だけでグラブを操作すること。どうしても、手が上がるのが早くなり、グラブの面が消えてしまう。逆シングルの場合はグラブを縦に使うことで、ボールに対して面を長く向けることができる。

落ち際で捕球時の基本姿勢

動

ショートバウンドの捕球姿勢

⑦ハーフバウンド

↓奥行きを使い、ボールを長く引っ張る

落ち際でもショートバウンドでも捕れない場合の対応。奥行きを使って、体の後ろまでボールを長く引っ張るのがポイントとなる。セカンドの一、二塁間や、サードの三塁線に対して、この技術を使えると、プレーの幅が劇的に広がる。中途半端なバウンドの送球をカバーするときにも役立つ技術だ。

大原則はボールを下から見ること。そのうえで左側のバウンドに対しては、左股関節を軸にして、体の後ろまでボールを長く引っ張る。右側のバウンドには、右手を地面に着くことで体のバランスを保ち、ボールを長く見る。「頭の上で捕る」が約束事となる（写真P245）。

【カットプレー】

①マシンカットマン

↓「高跳び」ではなく「幅跳び」

カットプレーの練習でも、ピッチングマシンをフル活用。外野手の送球の強さと同様にマシンを合わせ、捕り手との距離を30メートルほどに設定する。

ハーフバウンドの捕球姿勢

チームの約束事は外野手に正対したうえで、両手をYの形に広げて、ボールを呼ぶこと。腕を大きく回す呼び方もあるが、野原監督はYにこだわる。「腕を回す呼び方では、外野手がカットマンを見たときに腕が下がっているときもあるので」というのが理由だ。Yであれば、ずっと手を挙げているので、外野手がどのタイミングで見たとしても誰に投げればいいかがわかりやすい。そこまで考えている指導者は、そうはいないだろう。

カットマンは、マシンが発射されるタイミングに合わせて半身になり、送球方向にジャンプしながら捕球する。着地と同時に、投げるためのステップを入れる（写真P247）。選手からは、「高跳びではなく、幅跳び！」という声が飛んでいた。つまりは、高く跳ぶのではなく、横（投げたい方向）にジャンプをして勢いをつける。

野原監督作成の『虎の巻』にはこんな一文がある。「自分がカットに入ることで送球を再度、『加速』させるイメージで入ること」。加速のカギが幅跳びになる。

カットマンの立ち位置を変えることで、送球が左右や高低にずれたときの対応策を磨くことができる。自分が苦手な場所を数多く繰り返し、課題の克服につなげていく。

カットマンの捕球姿勢　動

勝ちたい気持ちがこだわりの多さに試行錯誤しながら練習に取り組む

今回紹介したのは、『虎の巻』に記載されているメニューの一部。実戦練習においても、「ピッチャーゴロで打球がグラブに挟まったときの対応」など、試合で起こりうるプレーを細部まで網羅している。

「こだわりが多いほうだと思います。練習でやっていなかったプレーで負けたくない。それで負けたときは、指導者の責任。負けないためにどうするか。それが、こだわりの数につながっている気がします」

取材中、「そうじゃないよ」という野原監督からの指摘がいくつかあった。たとえば、外野手のスタート練習。最初は指示役の選手が、何の前触れもなく一発で指を出すだけだったが、野原監督から「バッターのスイングに合わせて予備動作を入れてからスタートを切らないと、実戦につながらない」と助言が入り、笛をピッピッピッと3回鳴らすやり方に変わった。

チームのテーマは「自治」。21世紀枠に選ばれた理由のひとつである。とはいえ、すべてを選手に任せているわけではない。「ここまで求めているよ」という姿を指導者が見せたうえで、選手たちは試行錯誤しながら、日々の練習に取り組んでいる。練習メニューを提案するときには、指導者からのダメ出しも入る。野原監督の思考に追いつき、追い越せたとき、さらに強いチームになっていく。

中京大中京　内野手

高橋源一郎 監督（右）
荒木雅博 臨時コーチ

ゴロ捕球のカギは「右足」にあり
守備の基本は「足を動かすこと」

セカンドで6度のゴールデングラブ賞を獲得した元中日・荒木雅博さん。2018年に現役を引退後、2023年まで中日の守備走塁コーチとしてチームを支えた。そして、2024年からは解説者を務めながら、アマチュア野球の指導に当たる。2024年4月に臨時コーチに就いたのが、愛知の名門・中京大中京だ。球界屈指の名手は、高校生に守備をどのように教えているのか——。

PROFILE　たかはしげんいちろう　1979年10月2日生まれ、愛知県出身。中京大中京高ー中京大。現役時代はショートを守り、3年春にセンバツ準優勝。大学卒業後、2009年に母校・中京大中京高のコーチとなり、2010年の新チームから監督に就任。監督として、春夏5度の甲子園出場。

あらきまさひろ　1977年9月13日生まれ、熊本県出身。熊本工業高から1995年ドラフト1位で中日ドラゴンズに入団。ゴールデングラブ賞6回、盗塁王1回。2000年代の中日黄金期を支えた。2017年に2000本安打達成。翌年に現役引退。同年二軍の内野守備走塁コーチに就任、2020年から2023年まで一軍内野守備走塁コーチ。2024年から野球解説者・評論家。

2024年4月から名門の臨時コーチに就任
プロも高校生も大事なことは「基本」

取材日は1月の週末。中京大中京の高橋源一郎監督が出迎えてくれた。2010年の新チームから監督に就き、昨夏を含めて春夏5度の甲子園出場の実績を持つ。

「荒木さんは多いときは、1週間で4〜5回指導に来てくださいます。今週は今日で4日連続。本当にありがたいことです」

荒木さんは熊本工の出身。愛知が本拠地の中日ドラゴンズで23年間プレーしていたとはいえ、中京大中京とはどのようなつながりがあったのか。

「うちで監督をされていた杉浦藤文さんの息子さんが、荒木さんの後援会の会長をされている関係で、見ていただけることになりました。荒木さん自身も、アマチュア野球の指導に興味を持たれていたようです」

2024年4月から「臨時コーチ」として、指導をお願いするようになった。最初は走塁から入り、今は守備もバッティングもすべての分野において、アドバイスをもらっているという。

「荒木さんがいつも言われているのが、〝プロだから〟と言って特別なことはなく、プロも高校生も基本が大切なのは同じこと。守備であれば、荒木さんが転がしたボールを、足を運んで捕りにいく練習を重点的にやっています。どこに右足を入れていけばいいのか。守備でボールとの距離感を計ることができれば、それがバッティングにも生きてくると」

ゴロを捕るときの距離感が近い選手は、バッティングでもピッチャーのボールに差し込まれやすい。適切な距離感や間合いを、日々のゴロ捕りの中で磨いている。

「うちのチームに、内野手からの送球を捕るときにどうしても差し込まれてしまうファーストがいました。彼に対する荒木さんのアドバイスが、『ファーストミットを一回落として、そこでタイミングを合わせたほうが、間合いを取りやすい』（キャッチャーが投球に合わせて、ミットを下げるイメージ）。それを取り入れてから、うまく間合いを取れるようになったと感じます。自分だったら、『ちゃんと芯で捕りなさい』と言ってしまうところですけど、そもそもボールとの間合いが計れていないと、それでもできませんからね」

高橋監督への取材中、グラウンドではボール回しが行われていた。バッテリーを含め、部員を4グループにわけてそれぞれにダイヤモンドを作る。

特徴的だったのが、バスケットボールのパス練習のように、走りながら捕り、走りながら投げる練習を繰り返していたことだ。本塁からマウンド方向に走り、一塁（または三塁）からの送球を捕り、送球を受けたあとは走りながら二塁に投げる。一塁にいる選手は、走り込むスピードを予測しながら、空間上にボールを投げる技術が必要になる。

「荒木さんからアドバイスをもらったメニューです。空間に投げるのが苦手な選手も多く、このボール回しが3-1の投内連携や挟殺プレーに生きています」

守備でのミスが、致命的な失点につながりかねない。特に新基準バット導入後、守備の重要性はこれまで以上に増している。

「今までは2~3点取られても取り返すことができましたが、新基準バットになると、その2~3点が重い。防げる点をどれだけ防ぐことができるか」

荒木さんの臨時コーチ就任は、これ以上にない絶好のタイミングだったとも言える。

守備の基本は「足を動かすこと」
多くの選手が「形」にとらわれている

ここからは、荒木さんの登場。実際の指導を見せてもらう前に、バックネット裏にある監督室で話を聞いた。

――中京大中京の指導に携わり、9カ月ほどが経ちました。

荒木　まずは、ぼく自身が一番勉強になっています。ひとりひとりの選手に、どんな声をかければいいのか。本当に日々勉強です。

――今回は「守備」がテーマになりますが、どのような教えをされていますか。

荒木　高校生もプロ野球選手も、今はさまざまな情報が世に溢れていて、いろんなことをやろうとしています。それ自体は決して悪いことではないですが、ぼくの今の役割は「もう1回、基本に立ち戻りましょう」です。

――荒木さんが考える「守備の基本」とは何ですか。

荒木　守備の基本は、足を動かすことです。多くの選手が「形」にとらわれていて、「この形で捕らなければいけない」と思いすぎている。だから、ここでは、捕り方や捕球の形は一切教えていません。捕り方を教え始めると、そこばかり気にして、足が動かなくなってしまいます。まずは、足を動かすこと。ゴロを捕るときに、ぼくが大事にしている感覚は、打球を前からどれだけ引いてこられるか。

――引いてくる、ですか？

荒木　そうです。難しい表現ですけど、ボール（打球）というのは自分で捕りにいくのではなくて、ボールのほうから入ってくるものです。「ここで捕りたい」という場所まで足を使って、体を運び、ボールよりも先にそこで待っておく。より具体的に言えば、ボールの近くまで右足を持っていき、右足、左足、捕球のリズムを作る（右利き）。右足を半歩前に持っていけるかどうかで、捕りやすさがまったく変わってきます。そして、捕るときには頭が左足側に流れないこと。流れてしまうと、体勢を立て直す時間が必要になります。究極を言えば、歩きの動作の中で、「いつ捕ったの？」と周りから思われるぐらい自然な動きでゴロを捕れるのが理想です。なかなか難しいですけどね。

――小刻みなステップを入れて、ボールに合わせる動きが必要になりますか。

荒木　あとで練習を見てもらえればわかると思いますが、最初はステップをたくさん踏んで構いません。これがうまい選手になるほど、打球への合わせ方がわかってくるのでステップを踏む数が減ってきます。

――「ここで捕りたい」という判断が、守備に優れた選手ほど早いものでしょうか。

荒木　昨シーズン終盤、中日対広島の試合でこんなシーンがありました。村松（開人）選手がセカンドにゴロを打った際、そのワンバウンド目の跳ね方を見て、広島のセカンド・菊池（涼介）選手がサッと後ろに下がって、ショートバウンドでうまく捕球しました。非常に早い判断でした。

――ワンバウンド目でどういう打球がくるのかを想定し、どう捕るかまでイメージができていたと。

荒木　そういうことです。もちろん、数多くの打球を見てきた経験の成せる業でもありますが、日頃からそういう意識で練習していなければ、そうはなりません。

――プロの選手に聞くと、「ショートバウンドで捕れるのが理想」という話をすることが多いですが、荒木さんもそういう考えを持っていましたか。

荒木　あくまでも「練習では」ですね。練習では、ショートバウンドを狙っています。極端に言えば、前後2メートルの幅があれば、どの打球でもショートバウンドで入れる。ショートバウンドで捕ろうと思うことで、足を動かす意識が生まれ、足が動くことでスローイングにも移りやすくなります。

――試合になれば、ショートバウンドが絶対ではないんですね。

荒木　試合ではどんな形でもいいので、アウトを取れば100点です。頭の中で動き方を考えてしまうと、判断が一歩遅れます。考えてやるのは、練習の段階で終わり。考えて、意識しながら練習に取り組み、その動きが無意識のうちに試合で出るようになるのが理想です。

右足を置く場所で捕りやすさが変わる
右足が遠いと左足に流れる捕り方に

グラウンドに移り、荒木さんの実技指導が始まった。

ノックを打つわけではない。荒木さんが手で投げたボールを、15メートルほど離れたところから間合いをはかりながらチャージし、捕球する。動き自体はとてもシンプルなものだ。ボールは硬球と同じ大きさでありながら、硬球よりもやや弾むものを使う（写真P259上）。ボールを投げる場所は、選手たちの左側（写真P259下）。サードであれば三遊間、ショートであれば二遊間側の打球となる。

「バウンドに対して、どのように足を入れるか。それを覚えるには、少し弾みのあるボールのほうがわかりやすいと思います。弾み方を見るには、自分の正面から右側にずれること。ボールの右側を見ることで、バウンドがわかりやすくなります」

最初に、荒木さんが設定したテーマは「ツーバウンド目の上がり際を捕る」。足を使って、ツーバウンド目を狙いにいく。ボールのスピード、弾み方を見て、どこに右足を入れれば、捕りやすいかを瞬時に判断する。

硬球よりも弾みやすいボール

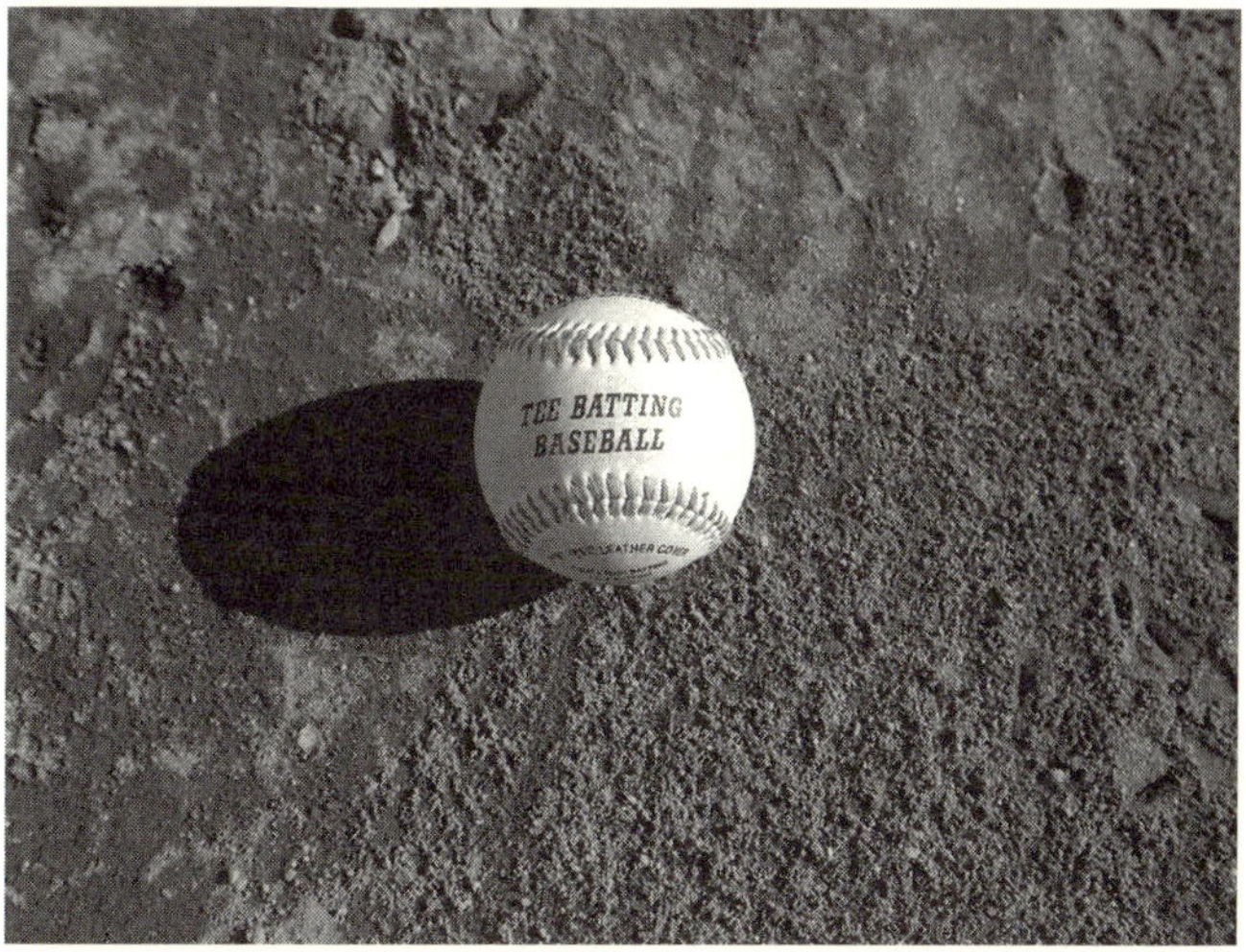

ボールを投げ入れる場所

「探せよ、探せよ！　自分の足を何回動かしてもいいから、ツーバウンド目を狙う」

右足がやや遠い選手には、「もっと右足を入れてこい。もうちょい右足頑張れ！」とアドバイスを送った。荒木さんと選手のやり取りを見ていると、右足が近い選手よりも遠い選手のほうが圧倒的に多い。

「そうなんですよ。右足は思ったよりも近くていい。右足が遠いから、左足で頑張ろうとしてしまう。そうなると、どうしても頭が左足側にずれて、左に流れる捕り方になります。これでは、送球の動作になかなかつながっていきません。だから、頭がずれる原因の多くは、右足を使えていないことにあります」

捕球の動作を紐解くと、右足、左足、最後にハンドリングと、3段階の合わせがあると考えることができる。第一段階となる右足の動きが悪いと、左足とハンドリングでカバーしなくてはならない。

写真P261は、右足を置く場所によって、捕球から送球までの動きが変わっていく一例である。右足をあと一歩前に動かすことができれば、楽に捕球できる。

では、右足とボールの適切な距離感とはどのぐらいなのか。

「それは、もう繰り返し練習することで、自分で探していくしかないんですよ。でも、やって

右足とボールとの距離感

✕

○

いくうちに絶対にわかるようになります。捕球から送球までスムーズにいけたときは、いい場所で捕れた証拠です」

中日で守備走塁コーチを務めていたときは、若い選手を中心にゴロ捕りの重要性を伝え続けたという。1日10球でもいいので、毎日繰り返す。選手自ら、練習の意味に気付けたとき、守備がうまくなる可能性が一気に広がっていく。

捕球体勢を作った状態で打球を待つ
右足を寝かせることで頭の位置がずれる

「左足を浮かさないでいいよ。左足のかかとから着いて、自分が捕りたい形で待っておけばいいから」

指導中、荒木さんが盛んに繰り返していたアドバイスである。右足の上に頭を乗せる意識が強いためか、左足を浮かせて、右足一本で打球に合わせようとする選手がいた。

「やりたいことはわかるのですが、この合わせ方をすると、左足を着いたときに頭が左足側にずれてしまいます（写真P263右）。結局、体勢を立て直す時間が必要になるので、左足は着いて、自分が捕りたい捕球姿勢で待っておくことを今は教えています。左足のかかとから着い

つまさきは捕球時に下ろす

左足を浮かさない

捕球の一連の動き

動

て、つまさきを下ろす動作と捕球のタイミングを合わせる（写真P263左）。感覚的には、左足の裏を長く使いたい。そこから体重移動が生まれて、スローイングにスムーズに移ることができます」

写真P264が実際の選手の動きになる。荒木さんの動きにほぼ近い。

言うまでもなく、ゴロもバウンドも捕って終わりではなく、ファーストに送球し、ファーストが捕球しなければ、アウトは成立しない。いい捕球がいい送球につながっていく。

現役時代の荒木さんは、どのように足を合わせていたのか。

「ぼくはこうですね」と実演してくれたのが、写真P266である。左足の前に右足をクロスさせ、右足をできるかぎり寝かせる。かなり急な角度に見えるが、ここから右、左で足を踏むと、右足側に頭が残るという。

「これも、あくまでも練習での意識です。これぐらい頭を右側にずらしておきたい。試合ではここまで極端にはやっていないと思います」

捕球体勢に入るまでの頭の位置がいかに重要か。イージーなバウンドを捕る練習の中で、理想の動きを体に染み込ませていく。

荒木コーチによる捕球動作の実践

ゴロ捕球のイメージは『東京フレンドパーク』
究極の理想は「手」を使わずに捕ること

「ツーバウンド目の上がり際を狙う」のあとは、「スリーバウンド目の上がり際」とひとつバウンドが増えた。ツーバウンドのとき以上に、ボールとの間合いをはかる必要が生まれ、難易度が増す。

荒木さんは、チャージして捕るバウンドだけでなく、一旦後ろに下がって捕るような小飛球を混ぜていた。

「一回、後ろにバーッと下がって、我慢して、我慢して、バウンドを見極める。『ここだ！』と思ったところで、右足を入れてくる。うまい選手ほど、動きにアクセントがある」

荒木さんの手からボールが離れた瞬間に、「どこでどう捕るか」をどれだけイメージできるか。ボールが自分のところに近付いてきてから、判断をしていては遅い。

「今の高校生はわからないと思いますけど、『東京フレンドパーク』という番組わかりますか。光った電気が上からパパパッと下りてきて、そのスピードを見極めながら、出演者がジャンプしてタイミングを合わせるゲームがありましたよね」

関口宏氏の司会で、ＴＢＳ系で放送されていた番組だ。40歳以上の世代であれば、子どもの頃によく見ていたかもしれない。その中に、「フラッシュザウルス」というアトラクションがある。光が落ちてくるスピードが、「超低速」「低速」「中速」「高速」「超高速」と5段階あり、それぞれの時間を見極めながらジャンプをして、光が落ちてくるタイミングと着地のタイミングが完璧に合えば、クリアとなる。

打球を捕るのも、「フラッシュザウルス」と同じような理屈だという。打球の距離やスピードを見極めて、足を使って間合いを計り、「ここだ！」と思った場所で右足を踏み込んでいく。

スリーバウンドの練習を繰り返したあとは、足を使う意識を高めるために、「次からは手を使わないで」という指示が飛んだ。

手を使わない？

手を使わないで、どうやって捕るのか？

「グラブを持った手をだら〜んと下げておく。右足、左足の動きだけで捕りたいところに体を運ぶ。最後に手を伸ばして、グラブで合わせにいかないこと」

たとえバウンドが合わなかったとしても、グラブで帳尻を合わせてしまうことができる。試合中はそれでもちろんいいのだが、この練習では、足で合わせることに100パーセントの意識を向ける。

「グラブを使うとごまかせてしまう。それをやめることで、右足とボールの距離感をより考えるようになります。グラブはバウンドが合わなかったときに、最後の最後に使うものです」

ハンドリングが大事であるのは言うまでもないが、手に頼りすぎてはいけない。

「これだけはやらないほうがいい」という発想を持つ 手取り足取り教えることが選手の邪魔になることも

――今日はありがとうございました。最後に、指導者に向けてメッセージをいただけますか。

荒木　そうですね、「絶対」を作らないようにしてほしいですね。「これをやれば、絶対にうまくなる」みたいな指導をしたくなると思うんですけど、ひとりひとり骨格が違えば、動きのクセも違います。「絶対」と言い切れるものは、ないと思います。

――以前取材したときに、荒木さんの指導に合わない選手は、蔵本英智さん（2022年まで中日の外野守備走塁コーチ）に預けていたと聞いて、面白かったです。

荒木　そうなんですよ。いろいろなタイプがいますからね。ぼくに合わないと思った選手は、英智さんに任せる。指導者によって見方が違うので、そういう観点も必要だと思います。

――荒木さんが指導者として大事にしているのは、どんなことでしょうか。

荒木　うまくなるために、「これだけはやらないほうがいい」ということがあると思っています。「こうやったら絶対にうまくなる！」とは逆の発想です。守備がうまい人を見ていると、足を使っていない選手は存在しません。捕り方や投げ方はいろいろあったとしても、そこだけは共通している。だから、「足を使わないでボール捕る」ということだけはやらないでほしい。その考えが今、高校生を教えるベースになっています。

――正直、捕り方や投げ方を細かく教えていると思っていました。

荒木　ぼくの練習は見ていて、つまらないと思いますよ（笑）。ああいう基本的なことしかやりませんから。足を使えるようになれば、それが土台となって、あとは選手自身で勝手にうまくなっていきます。理想は、知らないうちにうまくなっていくこと。指導者が手取り足取り教えすぎて、選手の成長を邪魔しているケースは結構あるものです。ぼくが考えているのは、「次のチーム、たとえば大学や社会人、プロに行ったときに、邪魔になる指導だけはしたくない」ということです。新しい指導者から教わるときに、邪魔になるものであってはいけない。足を使ってボールに入ることは、どの世界に行っても役立つことです。

――すべてはそこにつながるんですね。

荒木　今日の右足、左足で入る動きも、最初はできないかもしれません。でもそれは、決して下手なわけではなくて、まだ運動の回路ができていないだけ。繰り返し取り組む中で、体が動くようになっていくものです。地道な反復練習をどれだけ積み重ねられるか。結構、今の高校生は難しいことをやりたがるイメージがあるんですけど、それと並行しながら、基本的なことも大事にしてほしいと思います。壁当てでもいいですし、今回みたいに誰かにボールを転がしてもらってもいいので、簡単なボールを捕ることで、理想の動きを覚えていく。「基本と難しいことの行き来」と言えばいいのかわからないですけど、難しいことばかりやっていても、なかなか上達していかないかもしれません。

――反復練習に飽きてしまう選手もいると思いますが……。

荒木　「もっとうまくなりたい」「こういうふうに捕ったらもっとスムーズに送球につながるんじゃないか」という考えを持っていれば、飽きることはありません。結構、すぐに何でもできてしまう選手ほど飽きやすく、不器用な選手ほど、その動きが身につくまで地道に続けられると思います。高校生なので、まだまだいくらでもうまくなりますよ。自分自身で考えながら、さまざまな工夫をして、うまいチームメイトの動きを観察するのもいいでしょう。きっと、何か気付くことがあるはずです。ぜひ、頑張ってください。

大利 実（おおとし・みのる）

1977年生まれ、横浜市港南区出身。港南台高（現・横浜栄高）ー成蹊大。スポーツライターの事務所を経て、2003年に独立。中学軟式野球や高校野球を中心に取材・執筆活動を行っている。『野球太郎』（ナックルボールスタジアム）、『ベースボール神奈川』（侍athlete）、『ホームラン』（ミライカナイ）などで執筆。著書に『高校野球激戦区 神奈川から頂点狙う監督たち』（小社刊）、『激戦 神奈川高校野球 新時代を戦う監督たち』（インプレス）、『高校野球継投論』（竹書房）、『甲子園優勝監督の失敗学』（KADOKAWA）、『高校野球界の監督がここまで明かす!野球技術の極意』『高校野球界の監督がここまで明かす!投球技術の極意』『高校野球界の監督がここまで明かす!走塁技術の極意』（小社刊）、『脱・叱る指導 スポーツ現場から怒声をなくす』（村中直人共著、小社刊）などがある。『導く力　自走する集団作り』（長尾健司著／竹書房）、『仙台育英日本一からの招待 幸福度の高いチームづくり』（須江航著／小社刊）などの構成も担当。2021年2月1日から『育成年代に関わるすべての人へ ～中学野球の未来を創造するオンラインサロン～』を開設し、動画配信やZOOM交流会などを企画している。

https://community.camp-fire.jp/projects/view/365384

装幀・本文デザイン　山内 宏一郎（SAIWAI DESGIN）／DTPオペレーション　貞末 浩子
編集協力　花田 雪／編集　滝川 昂（株式会社カンゼン）／取材協力　読売巨人軍

高校野球界の監督《スペシャリスト》がここまで明かす!
守備技術の極意

発　行　日　2025年3月31日　初版

著　　　者　大利 実
発　行　人　坪井 義哉
発　行　所　株式会社カンゼン
〒101-0041
東京都千代田区神田須田町2-2-3　ITC神田須田町ビル
TEL 03(5295)7723
FAX 03(5295)7725
https://www.kanzen.jp/
郵便為替 00150-7-130339
印刷・製本　株式会社シナノ